뉴 스토리텔링과 책놀이

이송은 • 이춘희 • 이영주 • 김진현

창지사

일/러/두/기

* 이 책은 동화가있는집과 (사)한국책놀이지도사협회가 주관하는 책놀이지도사(민간자격등록번호 2019-000525) 자격과정 교재이며, 동화가있는집 및 저자의 허락 없이 이 책에 실린 내용을 다른 자격과정에서 사용할 수 없습니다.

* 이 책에 실린 수업안은 동화가있는집 및 저자의 창작물로서, 동화가있는집과 (사)한국책놀이지도사협회가 분기별로 개최하는 신 수업안 워크숍, '계절 책놀이 특강' 및 공공프로젝트를 통해 발표된 것들입니다.

* 이 책은 기존의 책놀이지도사 교재, 『스토리텔링과 책놀이』(2012)와 『스토리텔링과 책놀이 2』(2017)를 대체합니다.

* 각 활동에 소개된 교구, 그림 및 음원 자료는 (사)한국책놀이지도사협회 회원이 진행하는 강좌를 통해 구입할 수 있습니다.

☞자격과정 및 책놀이강사 파견 문의: ☎ 02-2632-1582

www.bookplays.com 자유게시판

머/리/말

최초의 책놀이 전문서적, 『스토리텔링과 책놀이』(2012)를 펴낸 지 12년이 흘렀다.

책놀이는 이제 어떤 도서관, 어떤 학교를 가든지 낯설지 않게 볼 수 있을 정도로 보편적인 독서프로그램 영역으로 자리 잡았다. '책놀이'라는 말을 만들고, 책놀이지도사 양성과정을 최초로 시작했던 연구소로서 참으로 감사한 일이 아닐 수 없다.

금번에 새로이 펴내는 이 책에는 책놀이의 기초이론부터 최근에 만들어진 신 수업안을 포함해 대상별 책놀이 프로그램 실제 77편이 차곡차곡 실려 있다. 실제편의 모든 수업안은 동화가있는집의 저자 및 전국의 한책협 강사들이 수업 설계를 하고 현장을 뛴 기록들이다.

최근 우리 그림책은 눈부신 발전을 거듭했다. 형식과 내용 면에서 다양해졌을 뿐만 아니라 해외 저작권 수출, 연이은 볼로냐 라가치상 수상에 이어 2022년에는 아동문학계의 노벨상으로 불리는 안데르센상을 수상하는 쾌거를 이루었다. 그러나 이러한 겉으로 드러난 성과에도 불구하고 그림책의 제1 독자가 되어야 할 우리 아이들의 문학활동 현장은 즐겁지 않은 경우가 많다.

어린 나이에 핸드폰이나 TV 화면 영상물로 문학을 만나는 아이들, 여기엔 부모나 교사가 들려주는 따뜻한 목소리가 당연히 빠져 있다. 문해 패키지로 묶여 있는 그림책들도 염려스럽다. 글을 읽는다는 것은 분명, 문명 세계로 첫발을 내딛는 축복이지만 의미도 모르는 채 보여 주기식 문자 해독으로 몰리게 되면 알맹이 없는 삭막한 과제만 남을 뿐이다. 게다가 지난 4년간 코로나 시절을 거치면서 마스크를 낀 채 유년기를 보낸 아이들은 집에서도, 어린이집이나 유치원, 학교에서도 정서 인식 및 표현이 서툴고 타인과의 소통이 안 돼서 현장마다 아우성이다.

마지막으로 갈수록 심각해지고 있는 문해력 저하에 주목할 필요가 있다. 교육전문가들은 코로나 교육 공백이 학력 저하를 가져왔다고 한탄하지만, 사실 그 이면에는 그 시절의 빈약한 언어 경험(말하기와 듣기, 읽기와 쓰기)이 있다. 모국어의 어휘력이나 문장이해력은 사회생활의 기초일 뿐만 아니라 가르치고 배우는 학습의 기본도구이기 때문이다.

우리는 위 문제들에 대한 해법을 책놀이에서 찾는다.

책으로 놀면서 '뜰에 풀'이 자라듯이 자연스럽게 언어, 인지, 사회정서, 신체를 고르게 발달시켜 보자는 뜨레풀책놀이의 방향성은 책놀이가 처음 시작되었던 2000년대 초반보다 오히려 20여 년이 지난 지금에 더 빛을 발한다.

아이와 무슨 책을 어떻게 읽고 놀아 줘야 할지 궁금한 분, 책 읽기를 즐겨 하고 감상과 표현을 넘나드는 유능한 독자로 키우고 싶은 분, 본인도 그림책을 즐기며 그림책으로 다양하게 소통하고 싶은 분, 전문성을 쌓아 봉사나 일자리 연계를 하고 싶은 분, 영유아 교육기관이나 초등학교에서 교·강사로 일하고 싶은 분께 이 책을 권한다. 실력 있는 책놀이지도사로 가는 길에 이 책이 든든한 길라잡이가 될 것이다.

이 책은 2012년과 2017년에 발간된 전작, 『스토리텔링과 책놀이』와 『스토리텔링과 책놀이 2』의 핵심프로그램과 2017년 이후 지금까지 분기별로 발표된 신수업안을 담고 있으며, 동화가있는집과 (사)한국책놀이지도사협회가 주관하는 '책놀이지도사'(민간자격등록번호 2019-000525) 자격 과정의 교재 성격을 띤다.

여러 사람의 수고가 모여 이 책이 완성되었다. 제1부 이론 파트는 이송은이 썼고 2부 실제편은 여러 명의 아이디어가 모였다. 『꾸벅 인사 놀이』 권옥, 『덜컹덜컹 기차』 이송은, 『두드려 보아요』 이송은, 『똑 닮았어』 권옥, 『뚜껑 뚜껑 열어라』 권옥,『손뼉을 짝짝짝!』 이영주,『구슬비』 김은화, 이송은, 이영주,『꼭 잡아!』 안혜련,『나처럼 할 수 있어?』 이송은,『딸기는 빨개요』 이송은,『보들보들 까끌까끌』 이송은,『불어봐! 후우』 김진현,『빙빙 돌아라』 김윤경,『와! 무지개다!』 이영주,『우리 엄마인가요?』 이송은,『장화 신는 날』 권옥,『컵』 이하나,『고양이 팔레트』 이종여,『길어도 너무 긴』 이영주,『내가 찾는 냄새』 이송은,『뚱땅 목수 아저씨』 이송은,『보자기야 놀자』 이송은,『세모야 어디 가니?』 이송은,『소리를 들어 보아요』 이송은,『콩이 쑥쑥』 김미라,『투둑 떨어진다』 김윤경,『검피 아저씨의 뱃놀이』 이송은,『겨울이 왔어요』 이송은,『그건 내 조끼야』 이송은,『내가 아빠를 얼마나 사랑하는지 아세요?』 권옥,『다람쥐는 모를 거야』 안혜련, 이춘희,『말랑말랑 물렁물렁』 정지연,『산타와 함께 춤을』 김진현, 이춘희,『알밤 소풍』 신은하, 이승연,『앵무새 열 마리』 이송은,『으쌰으쌰 당근』 권옥, 김형미,『크릭터』 이송은,『튤립 호텔』 이춘희, 이송은,『휴지가 돌돌돌』 신일순, 이종여,『고 녀석 맛있겠다』 김윤경,『괜찮아 아저씨』 임혜민,『꼬마 단추 푸치』 이춘희,『나뭇잎이 달아나요』 이송은,『딩동거미』 한지선,『똥방패』 김진현,『몽글몽글 따끔따끔』 이송은,『마녀 위니의 크리스마스 대소동』 김경희, 이송은,『맛있는 동그라미』 이송은,『메리 크리스마스, 늑대 아저씨!』 이춘희,『봄봄 딸기』 이영주,『봉구야, 목욕하자!』 정지연, 이송은,『분홍줄』 김미라,『빨강부채 파랑부채』 이송은,『신기한 씨앗 가게』 이영주,『아기 오리 열두 마리는 너무 많아!』 이춘희,『원숭이 엉덩이는 빨개』 이송은,『이야기 이야기』 이송은,『자꾸자꾸 초인종이 울리네』 김윤경,『크리스마스 선물』 이송은,『모두모두 꽃이야』 이송은,『999마리 개구리 형제의 이사 대소동』 이송은, 김은주,『깜박깜박 도깨비』 김윤경,『꿈쩍도 안 할 거야』 이영주,『모기 잡는 책』 이영주,『씨앗은 무엇이 되고 싶을까?』 이송은,『으라차차 큰 일꾼』 한주미,『색깔 도난 사건』 이송은, 김은주,『신통방통 세 가지 말』 이송은,『오늘은 수영하는 날』 이송은,『움직이는 ㄱㄴㄷ』 권옥,『털보 아저씨의 행복 우산』 이송은,『난 남달라!』 이하나,『염소 4만원』 이춘희,『훨훨 간다』 권옥,『1964년 여름』 이송은,『사라, 버스를 타다』 이송은,『쿠키 한 입의 인생 수업』 이송은 등이다.

실제편 수업안들은 전 편에 걸쳐 현직 교사의 자문을 거쳤다. 바쁜 일정 가운데서도 기꺼이 함께해 주신 유혜리 선생님(영유아)과 유효정 선생님(초등)께 깊이 감사드린다. 복잡하고 긴 여정, 변함없는 신뢰로 묵묵히 기다려 주신 창지사 편집부에도 심심한 감사의 말씀을 전한다.

마지막으로 지난 일 년간 집필하고 회의하느라 서울과 수원, 일산을 오가며 분주하게 보낸 네 명 저자들의 가족분들께도 진심으로 감사드린다. 그분들의 지지와 응원이 없었더라면 아마도 이 책을 끝내기 어려웠을 것이다.

이제 설렘을 안고 『뉴 스토리텔링과 책놀이』를 세상으로 내보낸다.

첫머리에 밝혔던 것처럼 요즘은 주변에서 '책놀이'라는 말을 일상처럼 만나게 되었지만, '제대로 된 책놀이를 펼치고 있는가?'에 관한 고민은 오히려 커졌다.

부디 이 책이 아이들에게는 행복한 책과의 만남을, 책놀이지도사를 꿈꾸는 분들께는 든든한 동반자가 되길 기원한다.

2024년 한여름의 끝에서

동화가있는집 소장

이송은

제2부 스토리텔링과 책놀이의 실제

제 1 부

스토리텔링과 책놀이의 이론

뉴/스/토/리/텔/링/과

책/놀/이

제1장 책놀이의 이해

1. 책놀이의 정의
2. 책놀이의 등장: 왜 책놀이인가?
3. 책놀이의 역사적·사회적 배경
4. 책놀이의 목적
5. 책놀이의 확산과 전문분야로의 성장

1. 책놀이의 정의

책놀이란 **책을 재미있게 읽고 책을 소재로 창의적인 놀이 활동을 하는 것**을 말한다.

- 책을 '재미있게' 읽는다는 것은, 작품에 따라, 대상 청중에 따라, 활동목적에 따라 읽기 유형을 적절히 선택하고 그림책의 특성을 살려서 스토리텔링 과정에 녹여내는 것을 뜻한다(그림책에서는 그림이 이야기를 끌고 가는 주요 요소가 되며, '표지, 면지, 속표지, 책등, 플랩' 등 독특한 외형적 특성이 있다).
- 책을 소재로 '창의적인' 놀이 활동을 한다는 것에는 여러 가지 의미가 내포되어 있다. 책 내용으로 '뻔하지 않은', 참신하면서도 흥미로운 활동을 연계한다는 의미도 있지만, 책 자체를 외형적 놀잇감으로 사용하여 책으로 집을 짓거나 징검다리 놀이를 하는 등 책을 바라보는 시각 자체를 새로이 하는 것까지 포함한다.

2. 책놀이의 등장: 왜 책놀이인가?

책놀이는 크게 보아, 그림책을 활용한 문학활동이다. 그럼에도 굳이 '책놀이'라는 단어를 새로이 사용하게 된 데에는, 기존의 '독서지도'나 '문학활동'에서 소홀히 해 온 부분들이 있었기 때문이다.

많은 매체의 기획취재에서 우리나라 아이들은 연령과 학년이 올라갈수록 책을 읽지 않는다고 한다. 왜 그럴까? 누가 누가 많이 읽었는지 양으로 비교당하는 독서, 문해 교육의 수단으로 내몰리는 책과의 초기 만남, 보여 주기식 결과물을 재촉받는 독후활동, 읽기 자체보다 독후활동을 위한 수단으로 전락한 책 읽기 활동... 이런 풍경에서는 책 읽기의 즐거움이나 독자의 능동성을 발견하기 힘들다.

책놀이는 아이들이 즐겁게 책을 만나면서 자연스럽게 책이 좋아지고, 사람과 사람끼리 친해지고, 책 앞에서 주눅 들지 않는 당당한 독자가 되는 것을 지향한다. 이를 위해 책놀이에서는 읽기의 다양성과 전문성, 창의적이고 유연한 독후활동을 강조하는데, 특히 읽어 주는 사람의 역할 재정립[1], 말과 글을 넘나드는 스토리텔링, 책에 대한 재개념화(再概念化) 등은 다른 분야에서는 보기 드문 관점이다. 이러한 바탕 위에서 책놀이를 경험한 아이들은 책이 다시 보고 싶어지고, 생각하는 독자가 되고, 느끼고 표현하는 것을 즐기는 유능한 독자가 되어 간다.

3. 책놀이의 역사적·사회적 배경

'책놀이'라는 어휘가 등장한 것은 2000년대 이후로 그림책의 본격적인 보급, 북스타트 운동, '책'과 '놀이'를 연계한 행사의 증가 등이 배경요인이 되었다(이송은, 2012). 즉 90년대 중반 이후 단행본 그림책이 본격적으로 보급됨에 따라 '말이나 글로 감상하는' 동화(童話)에서 '글뿐 아니라 그림도 읽는' 그림책(picture book)으로 도서 환경이 변화하고 '아가들에게 책을 읽어 주자'는 운동과 '책과 더불어 놀자'라는 사회적 움직임이 일어나면서 필연적으로 생겨난 것이 책놀이인 것이다.

1) 그림책의 보급 확대

20세기는 그림책의 황금기라 할 만큼 다양한 그림책이 양산되었다. 국내의 경우, 1990년대 초부터 외국 그림책들이 정식 계약을 맺고 본격적으로 번안되어 들어왔으며, 우수한 창작 그림책을 출판하는 출판사의 수도 늘어났다. 그림책의

1) 책 읽어 주기와 읽어 주는 사람의 역할에 관한 새로운 시각에서의 고찰은 필자가 쓴 「세 연구자들의 스토리텔링 탐험기: 그림책으로 소통하는 할머니·할아버지 세워 가기」(교육인류학 연구 19권 3호, pp.67-119) 중 pp.74-76에 자세히 실려 있다.

보급이 확대되면서 자연스레 과거의 '글자 해독 → 책 읽기'라는 시각에도 변화가 요구되었다. 즉, 그림책이라는 시각적 매체는 글 텍스트를 해독해야만 독서를 할 수 있었던 관습으로부터 자유를 주었다. 책 읽기 의사소통 면에서 성인과 아동이 이전보다 더 평등한 자격을 갖게 된 것이다. 이로써 책을 매개로 한 상호 작용에서 성인과 아동이 진정한 파트너가 될 수 있는 가능성도 높아졌다(Scott, 1999). 그림책이 담고 있는 이미지는 실제로 어른보다 어린이의 천진난만한 직관에 의해 더 잘 파악되기도 한다. 유아는 직관적인 눈으로 그림을 통해 글로 된 텍스트 이상의 것을 발견할 수도 있기 때문이다. 그림은 또 다양한 표현 양식을 지녀서 폭넓게 놀이로 접근할 여지를 준다.

그림책의 보급 확대는 독자로서의 영유아의 능동성과 유능성을 새롭게 발견하는 계기가 되었으며, 훗날 문해능력이 부족한 어르신까지 독자층으로 흡수하는 기반을 조성하였다.

아동 도서 환경의 변화를 단적으로 보여 주는 예가 『강아지똥』이다. 1969년 《기독교교육》 주최 제1회 기독교아동문학상 동화 부문 당선작이었던 이 작품은 1996년, 그림책(권정생 글, 정승각 그림, 길벗어린이)으로 재탄생하면서 전 세대에게 널리 읽히는 작품이 되었다.

'강아지똥'이 처음 발표된 해는 1969년이다. 당시 안동 일직교회 주일학교 교사였던 권정생 선생님이 쓴 이 동화는 《기독교교육》에서 공모한 제1회 기독교 아동문학상 동화 부문 당선작으로, 원작은 초등 아동을 위한 동화여서 상당한 분량의 예스러운 문체로 된 산문이었다. 그 후 창비아동문고 등 산문 모음집 몇 권에 게재되었으나 별로 알려지지 못하다가 1996년에 그림책(정승각 그림, 길벗어린이)으로 재탄생하면서 한국을 대표하는 창작 그림책으로 거듭나게 된다. 이 과정에서 유아도 볼 수 있도록 쉽고 간결하며, 구어체가 많은 동화로 개작이 이루어졌다. 이처럼 때로 개작은 작가 본인이 상황에 맞게 직접 하는 경우도 있다. 『강아지똥』은 현재 일본, 중국, 대만, 스위스(프랑스어), 폴란드 등 외국에서도 번역되어 출판되고 있다.

'강아지똥' 원작이 발표된 잡지(1969)

『강아지똥』
권정생 글, 정승각 그림.
길벗어린이. 1996

2) 북스타트(Bookstart)

북스타트는 1992년 영국에서 시작하여 일본, 대만, 독일 등지로 확대되었으며, 2024년 현재 세계 40여 개 나라에서 실시하고 있는 프로그램이다(https://bookstart.org:8000/). 영아기부터 책을 읽어 준 아가들은 이후 초등학교에서 언어뿐만 아니라 인지, 정서, 사회적 발달 등 모든 영역에서 우수한 발달을 보여 주었다(Cooling, 2003). 아기 때부터 책을 읽어 줌으로써 "책과 함께 인생을 시작하자"라는 슬로건을 내걸고 있으며, 한국에서도 '북스타트 한국위원회(Bookstart Korea)'가 결성되어 2003년 서울시 중랑구 보건소를 필두로 전국의 지방자치단체와 도서관 등지에서 활발히 시행되고 있다.

북스타트 초기에는 책자 배부 사업에 초점을 맞추었으나 점차 도서 선정, 책 읽는 방법, 책놀이 방법의 보급, 찾아가는 북스타트 등으로 폭이 넓어졌다. 대상면에서도 영아를 위한 북스타트(북스타트 베이비)뿐만 아니라 만 3세 정도까지의 '북스타트 플러스', 만 3세 이상을 대상으로 한 '북스타트 보물상자', 초등 및 중등 북스타트 등으로 연령층이 확대되었다.

북스타트를 계기로 본격적으로 등장한 영아라는 새로운 독자층은 헝겊책, 플랩북 등 소재와 형태 면에서 그림책의 다양성을 불러왔고, 주의집중 시간이 짧은 발달적 특성 탓에 책도 감각에 호소하며 놀이처럼 읽고 활동해야 할 필요성을 불러일으켰다.

북스타트 꾸러미

찾아가는 북스타트

3) 책과 놀이를 연계한 행사와 전시

1990년대 들어서 우수 그림책의 번역 및 창작 그림책의 출간이 본격화되고, 2000년대 들어서는 '책'과 '놀이'를 연계하고자 하는 움직임이 가시화되었다.

- 사람을 닮은 책, 책을 닮은 사람(2003, 금호미술관)
- 출판도시에서 놀며 배워요(2006, 제4회 파주 어린이책한마당 주제)
- 책을 먹고 마시고 책 속에서 뒹굴어라(2008, 제4회 남이섬 세계 책 나라 축제 초대글)

이 중에서도 파주에 출판단지가 들어선 이후 2003년부터 해마다 파주 출판단지에서 대규모 책놀이가 개최되었고, 남이섬에서는 국제아동도서협의회 한국위원회(KBBY) 주최로 2005년부터 남이섬 세계 책 나라 축제가 이루어졌다. 이 같은 사회적 현상은, 책이라면 엄숙하고 단정하게 대해야 할 것 같던 독서행위에 대한 고정관념에서 벗어나, 장소와 동선에 구애받지 않고 책도 편하게 즐길 수 있음을 보여 주었다.

금호미술관 포스터

남이섬 축제포스터

4. 책놀이의 목적

책놀이의 목적은 영유아 및 아동이 책으로 놀면서 언어, 인지, 사회, 정서, 신체 발달을 골고루 이루어 나가도록 하는 것이다. 책놀이는 보편적으로 세 가지 목적을 띤다(이송은, 2012).

- 책과 책 읽기에 대한 긍정적 태도 형성
- 책을 매개로 한 정서적 교감과 사회성 증진
- 유능한 독자로의 성장

책놀이를 통해 영유아가 책과 친해지게 함으로써 책 읽기에 대한 긍정적 태도를 갖게 되고, 책을 매개로 부모 및 교사와 애착 형성 · 정서적 교감을 하며, 나아가 또래 간에 사회성을 키우게 된다. 또 그림책을 폭넓게 즐기는 경험을 통해 감상과 표현을 능동적으로 하는 유능한 독자로 성장해 가는 것이다.

5. 책놀이의 확산과 전문분야로의 성장

앞서 책놀이의 등장 배경에서도 살펴보았듯이 2000년대 들어 '그림책'과 '놀이'를 연계하는 움직임이 곳곳에서 시도되었는데, 프로그램의 보조자료가 아닌 책 자체를 전면에 내세운 본격적인 책놀이 프로그램 위주로 책놀이의 확산을 살펴본다.

1) "와! 그림책으로 놀자"

2000년대 초반, 대중을 대상으로 한 책놀이 수업의 예로 사계절출판사가 주최한 "와! 그림책으로 놀자"를 들 수 있다. 당시 영아책 『불러 보아요』, 『잡아 보아요』, 『태워 보아요』의 출간 기념으로 2003년 10월 21일에 부천시 복사골문화센터도서관에서 3회에 걸쳐 40분씩 진행된 "와! 그림책으로 놀자"(설계 및 수업:

이송은)는 회당 모-아 20쌍을 대상으로 한 책놀이 프로그램이었다. 이 프로그램은 감각에 호소하는 책 읽기와 신체 · 음률 · 조형 · 탐색 등 통합놀이가 특징적이었으며, 같은 해에 파주의 사계절출판사 사옥에서도 독자가 참여하는 공개 프로그램으로 선을 보였다.

"와! 그림책으로 놀자", 복사골문화센터도서관(2003. 10. 21.)

2) 북스타트 자원활동가 및 부모교육

순천 기적의도서관

2003년 11월에 순천 기적의도서관이 개관하였다.[2] 순천 기적의도서관은 대한민국 제1호 기적의도서관이자 어린이 전용도서관이어서 영유아 책 읽기와 활동에 관심이 높았다. 자연스레 이곳에서 북스타트 자원활동가 및 부모를 위한 다양한 책놀이 수업이 수년간 이루어졌고, 이후 제천 기적의도서관, 정읍 기적의도서관 등 다른 곳에서도 책놀이 수업이 선을 보였다.

2) 순천 기적의도서관 건립은 순천시가 책읽는사회만들기국민운동본부에 유치 신청을 함으로써 시작되었고, 당시 선정 및 개관 과정이 MBC '느낌표'를 통해 소개되면서 국민적 관심을 받았다.

3) 교사교육과 부모교육의 확산

보육현장에서 영아들의 책놀이에 대한 반응 및 수업 과정의 시행착오를 관찰·분석한 실행연구,「2세 영아의 책에 대한 의미 탐색」[3]은 영아 책 읽기와 상호작용에 대한 이론을 정리하고 책놀이 방법의 실제를 제시함으로써 전문 분야로서의 책놀이의 기틀을 마련하였다. 2007년 이천시보육정보센터 교사교육을 필두로 2008년부터는 한국간행물윤리위원회(현, 한국출판문화산업진흥원)가 주최하는 학부모 대상 자녀교육 독서아카데미, 전국의 어린이집 및 유치원 교사 대상 책 읽기와 책놀이 연수가 활발하게 이루어졌다.

4) 뜨레풀책놀이

2009년 연말에 강서보육정보센터가 개관하면서 2010년부터 수년간 영유아플라자에서 매주 뜨레풀책놀이 프로그램이 실시되었다. 연간프로그램으로 진행하되, 3개월 단위로 희망자를 모집해 정규프로그램으로 진행하였는데 모–아 10쌍 2개 반이 40분씩 수업에 참여하였다. 이와 비슷한 시기에 의정부교육도서관과 의정부 보육정보센터 등에서도 영아 북스타트 프로그램으로 뜨레풀책놀이가 수년간 진행되었다.

강서보육정보센터 뜨레풀책놀이

3) 이송은(2006). 2세 영아의 책에 대한 의미 탐색. 중앙대학교 대학원 박사학위 청구논문.

❖ **뜨레풀책놀이**

동화가있는집 연구소(2007년 개소)가 고안한 영유아 책놀이 프로그램으로, 2008년부터 강사양성 과정이 개설되었다. '뜨레풀'이란, 순 우리 말 뜻을 갖고 있다. 비 온 뒤에 나가 보면 '뜰에 풀'이 소복이 자라나 있는 것처럼, 책으로 놀면서 영유아의 언어, 인지, 사회, 정서, 신체 발달을 골고루 이루어 보자는 뜻을 의미한다. 영어(TREPLE)로는, '놀이(Play)'를 중심에 두고 현장실행연구(이송은, 2006)에서 밝혀진 영유아의 책에 대한 의미 네 가지 –장난감(Toy), 관계형성매체(Relationship), 생활경험과의 연계(Life-experience), 발생적 문해(Emergent literacy)– 를 집약한 것이기도 하다.

5) 공공기관에서의 책놀이: 이론의 확립과 실제의 보급

2009년과 2011년에 국립어린이청소년도서관에서 발간한『어린이 담당 사서를 위한 스토리텔링 운영 매뉴얼』시리즈는 다양한 책 읽기 방법과 구체적인 책놀이 수업 실제를 책자와 DVD 형태로 전국의 공공도서관에 배부함으로써 책놀이 대중화의 시작을 알렸다. 이 프로젝트는 동화가있는집 연구소가 프로그램을 만들고 수업을 진행하였으며, 수업 실제를 영상으로 담아 현장의 사서들이 쉽게 적용할 수 있도록 하였다. '영아, 유아, 초등, 다문화'로 대상을 세분한 점, 프로젝트의 기초연구로 수행한「어린이 담당 사서를 위한 스토리텔링 운영 매뉴얼 개발」(이송은, 2009) 논문에 기초해 고유한 읽기 유형 분류 이론을 제시했다는 점에서 책놀이가 전문분야로 도약하는 데 발판 역할을 했다고 볼 수 있다. 이후 전국의 여러 공공도서관의 북스타트, 유아 및 초등 프로그램, 다문화가정 아동을 위한 프로그램을 통해 책놀이가 확산되었다.

스토리텔링 운영 매뉴얼 표지(2009)

스토리텔링 운영 매뉴얼 2 표지(2011)

『어린이 담당 사서를 위한 스토리텔링 운영 매뉴얼』 시범 수업 현장

6) 책놀이의 확장과 확산: 소외계층을 위한 책놀이와 독서캠프

국립어린이청소년도서관의 '스토리텔링 운영 매뉴얼' 시리즈가 책놀이의 체계를 확립하는 데 기여했다면, 한국출판문화산업진흥원(구, 한국간행물윤리위원회) 주최로 동화가있는집이 지속적으로 수행한 프로젝트들은 책놀이가 본격적으로 전국에 걸쳐 확산되는 데에 기폭제 역할을 하였다.

〈독서아카데미-자녀독서교육(영유아)〉(2008~2009), 〈유치원·어린이집 교사 독서교육직무연수〉(2013~2016) 등이 부모교육과 교사교육을 통해 일반 영유아에게 적용하는 책놀이를 보급했다면, 〈어르신에게 책 읽어드리는 북스카우트〉(2010), 〈지역아동센터 아동을 위한 방과 후 독서지도교사 프로그램〉(2011), 〈책 읽어주는 문화봉사단〉(2014~2017) 등은 지역아동센터 아동, 주야간보호센터 어르신, 장애인 등 독서 소외계층을 위한 책놀이 보급에 중요한 역할을 하였다. 특히 매년 전국적으로 주관처 별로 진행되었던 〈책 읽어주는 문화봉사단〉 프로젝트는 책놀이 프로그램의 개발과 확산에 구심점이 되었다.

이상의 공공기관 사업의 결과물로 축적된 책놀이 프로그램들은 훗날『스토리텔링과 책놀이』 등 책놀이 교재의 콘텐츠가 되었다.

한편 다문화가정 아동을 위한 책놀이도 2009년 안산시 교육청을 필두로 꾸준히 이루어졌으며, 국립어린이청소년도서관의 '찾아가는 도서관' 프로그램, 기업 임직원 자녀를 위한 캠프, 새터민 아동을 위한 캠프 등 책놀이 캠프도 활발히 이루어졌다.

책 읽어주는 문화봉사단
교육프로그램 표지(2015)

책 읽어주는 문화봉사단
가이드북 표지(2017)

국립어린이청소년도서관 독서캠프

책 읽어주는 문화봉사단 교육(한국책놀이지도사협회)

7) 전문분야로의 성장

책놀이 수업을 진행하는 강사는 기본적으로 대상에 대한 이해를 바탕으로 교육에 대한 올바른 철학과 수업 진행에 대한 실기 능력을 갖추어야 한다. 책놀이 강사가 갖춰야 할 실기 능력은 크게 책 읽기 방법, 상호작용을 포함한 수업 진행 기술, 수업계획안 및 일지 작성 등을 들 수 있다. 책을 재미있게 읽는다는 것, 자연스럽게 책놀이 활동을 풀어 가는 것, 일지 및 신 수업안 작성하기는 모두 연습과 훈련, 실습을 통해 성취할 수 있다. 이를 위해 동화가있는집은 2008년부터 '책놀이지도사'를 양성하기 시작하였고 2013년에는 직업능력개발원에 민간자격과정으로 등재하였으며, 2019년부터는 (사)한국책놀이지도사협회와 공동으로 책놀이지도사 자격과정을 통해 전문강사를 배출하고 있다.[4]

4) 동화가있는집을 통해 배출된 전문강사를 주축으로 2018년 (사)한국책놀이도사협회가 설립되었고 2024년 현재, 전국에 9개 지회가 있다.

2000년대 초반, 영아로 시작된 책놀이는 유아 및 초등 아동으로 확장되고 전국으로 확산되었으며, 책놀이의 기본 철학과 유연한 방법론은 이제 어르신 분야에까지 영향을 미치고 있다. 2012년 첫 교재가 발간된 이래, 현장의 요구에 따라 책놀이지도사 자격과정 교재도 꾸준히 개발되어 왔다.

스토리텔링과 책놀이(2012)

스토리텔링과 책놀이 2(2017)

초등 아동을 위한 책놀이(2022)

8) 기대효과 및 전망

아이를 키우는 부모나 아이를 돌보고 교육하는 일에 종사하는 분들에게 책놀이지도사 과정은 매우 유익할 것이다. 단순한 문학활동을 넘어서 아이들과 어떻게 상호작용하고 놀아 줄지 배울 수 있기 때문이다. 예비 유아교사 및 보육교사를 위한 취업역량강화 프로그램으로 본 자격과정이 인기 있는 것도 같은 맥락이다. 실습을 앞두고 막막해 있을 때 실제 아이들과 호흡하듯이 워크숍 방식으로 책 읽기 방법과 놀이, 상호작용을 배울 수 있다. 최근에는 초등 돌봄교실, 방과 후 프로그램, 늘봄학교 등에서 초등학교 아동을 위한 책놀이 수요가 급증하고 있다. 책놀이가 가진 재미와 유익함을 아이들뿐만 아니라 교육종사자들도 인정하고 있음을 알 수 있다.

소박하게는 '책놀이가 궁금하거나 자원봉사를 하고 싶어서', 절실하게는 '경력단절을 뛰어넘어 수요가 높은 현장에 취업하고자' 등 사람마다 수강하게 된 동기나 목표는 다를 수 있지만 본 과정을 통해 공통적으로 얻을 수 있는 게 있다. 그것은 책 읽어 주기의 재미, 책놀이의 유쾌함을 경험하는 것이다. 그 과정에서 자연스럽게 AI 시대에 어떤 기계도 대체하지 못할 공감과 소통의 기술을 체득하게 된다.

다양한 책놀이 수업 현장

다문화 수업을 위한 책놀이

장애인을 위한 책놀이- 금천 50플러스 센터

책놀이지도사 자격과정 수업 현장

❖ 책놀이의 확장

책놀이 활동방법은 참여형 공연에 이르기까지 폭이 넓다. 참여형 공연으로 놀이를 확장하는 예로, 『세모야 어디 가니?』, 『말랑말랑 물렁물렁』, 『봉구야, 목욕하자!』 등이 있다.

'세모야 어디 가니?' 책놀이 공연,
동화가있는집 책놀이공연팀
(순천 기적의도서관, 2008)

"책 밖으로 나온 이야기" 중 '세모야 어디 가니?' 공연,
동화가있는집 책놀이팀
(국립중앙박물관, 2008)
문화체육관광부 · 국립중앙박물관 주최

"군포 독서대전", '세모야 어디 가니?' 책놀이 공연,
동화가있는집 책놀이공연팀(군포시, 2014)
문화체육관광부 주최

"책 밖으로 나온 이야기" 중
'세모야 어디 가니?' 공연, 중부책놀이팀
(서울용두초등학교, 2016)
동부교육지원청 주최

연·구·문·제

1. 어감 및 쓰임에 있어서 '책놀이', '문학활동', '독서지도' 어휘는 어떤 차이가 느껴지는가?
2. 책놀이를 적용할 수 있는 대상은 어떤 연령대인가?

제 2 장 스토리텔링의 이해와 적용

1. 책 읽어 주기 다시 보기
2. 책 읽어 주기의 의미와 가치
3. 스토리텔링과 동화구연, 책놀이
4. 읽기 유형 분류
5. 읽기 관련 이론
6. 그림책 맛있게 읽는 방법

1. 책 읽어 주기 다시 보기

책 읽어 주기와 관련해 어른들은 종종 이렇게 묻는다.

"책 읽어 주기도 연습이 필요한가요?"
"글을 읽을 줄 아는 아이한테도 책을 읽어 줄 필요가 있나요?"
"언제(몇 살)까지 읽어 줘야 하나요?"

위 질문에 대한 답을 찾으려면 책 읽어 주기가 무엇인지 꼼꼼히 들여다보아야 한다.

2. 책 읽어 주기의 의미와 가치

책 읽어 주기에는 '읽어 주는 사람'(A), '듣는 사람'(B), '책'(C), 세 가지 요소가 필요하다.[1] 이때 B는 혼자 책을 볼 때와는 다른, A가 소화한 책(C-1)을 감상하게 되므로 책 읽어 주는 사람의 역할은 매우 중요하다. 책 읽어 주기의 가치를 전문가들[2]은 다음과 같이 말한다.

> "그림책을 어린이에게 읽어 주는 행위는 '어른과 아이가 정신적으로 손을 잡고 떠나는 신비한 여행'입니다. … 그림책의 언어는 엄마 아빠의 목소리 언어로 바뀌어, 아이의 귀를 통해 어린이의 내면세계로 들어갑니다."
>
> \- 마쓰이 다다시(2003), p.67 -

1) 이는 교육의 3요소(교사, 학생, 교육내용)와도 같다.

2) 마쓰이 다다시는 일본의 아동문학평론가로 『어린이와 그림책』 저자이며, 이재복은 『아이들은 이야기밥을 먹는다』의 저자이다. 서천석은 소아청소년정신과 전문의로 『그림책으로 읽는 아이들 마음』의 저자이다.

> "아동문학은 듣는 문학의 기운이 강합니다. 아이들 몸의 기운은 비록 글은 깨우쳐서 읽는 문학 시기로 들어와 있다고 하더라도 아직 듣는 문학 시기의 말 문학 전통이 강한 이야기를 더욱 편하게 즐기는 거지요."
>
> \- 이재복(2010), p.10 -

> "그림책 읽어 주는 시간은 지금, 여기에서 부모가 아이에게 집중할 수 있는 거의 유일한 시간이 되고 있다."
>
> \- 서천석(2015), p.13 -

위 내용을 정리해 보면 책 읽어 주기는 단순한 음독(音讀)이나 문해능력이 부족한 대상을 위한 해독(解讀) 정도가 아님을 알 수 있다. 좋은 책 읽어 주기란 소통을 전제로 하며 원작의 내용을 대상의 눈높이에 맞게 잘 전달하는 과정이다.

최근 책 읽어 주기는 글자를 읽지 못하는 유아나 아동뿐만 아니라, 성인이나 어르신 현장에 이르기까지 확대되고 있다. 책 읽어 주기의 가치를 종합적으로 정리해 보면 다음과 같다.

- 읽어 주는 사람과 듣는 사람 간에 친밀감을 형성한다.
- 내용에 대한 이미지 형성을 돕는다.
- 듣는 사람의 구어를 활성화시켜 준다.
- 사건과 사물의 핵심에 집중하는 힘을 길러 준다.
- 듣는 독서를 통해 언어에 대한 감수성과 직관을 길러 준다.
- 글자를 몰라도 문학을 즐길 수 있도록 도움으로써 책에 대한 긍정적 태도를 형성한다.
- 세대 간 문화 전수 및 삶의 지혜를 공유할 수 있도록 해 준다.
- 몰입된 읽기를 통해 읽는 사람에게도 정서적 카타르시스를 준다.

3. 스토리텔링과 동화구연, 책놀이

책 읽어 주기와 관련해 우리 사회에 '스토리텔링(storytelling)'이라는 용어가 등장한 것은 그다지 오래되지 않았다. 80년대까지만 해도 어린이에게 책을 재미있게 읽어 준다고 하면, '동화구연'을 먼저 연상하였다. 당시만 해도 그림책이 본격적으로 보급되기 전이라 읽을거리란 주로 동화책이었고, 그러다 보니 '많은 양의 텍스트를 어떻게 잘 다듬어서 실감 나게 전달해야 어린 연령대의 아이들도 감상할 수 있을까?'가 주된 관심사였다. 자연히 개작과 화술이 핵심인 '동화구연(童話口演)'에 대한 관심이 높을 수밖에 없었다.

그러나 90년대 중반 이후 그림책이 대거 등장하면서, 텍스트의 양도 줄고 그림이 상당 부분 메시지 전달을 담당하게 되자 종래와는 다른 양식의 소통이 요구되기에 이르렀다. 장르 면에서도 전처럼 서사(敍事, 사건과 상황이 시간 순서대로 기술된 이야기)에 국한하지 않고, 정보그림책, 운문 그림책 등으로 폭이 넓어지다 보니 구연식 읽기뿐만 아니라 담백한 낭독식 읽기, 함께 이야기 만들어 가기(예: 글 없는 그림책) 등 다양한 읽기를 아우를 필요가 생겨났다. 여기에 부합하는 어휘가 '스토리텔링(storytellling)'이다.

두 용어의 관계를 좀 더 자세히 알아보면, 동화구연(童話口演)이란 동화를 입으로 연기하듯이 들려주는 활동을 말한다('구연동화'란 눈으로 읽는 문장동화를 소리 내어 읽는 구연동화로 바꾸어 놓은 작품 그 자체를 말함). 이에 비해, 스토리텔링은 동화구연보다 더 큰 개념으로 동화구연을 포함해 '이야기 구성하기', '이야기 전달하기' 등 포괄적 의미를 지닌다.

스토리텔링과 책놀이의 관계를 살펴보면, 책놀이에서는 읽기 과정을 매우 중요시한다. 종래의 독서지도나 문학활동이 독후활동에 비중을 둔 나머지 책 읽기를 내용 파악을 위한 수단 정도로 여겼던 것을 지양하고, 아동이 그 책이 다시 보고 싶도록 격려하려면 대상과 책의 특성에 맞게 스토리텔링을 연구해야 한다고 강조한다.[3)]

4. 읽기 유형 분류

어린이 독서활동을 다루는 여러 분야의 의견을 포괄적으로 수용하면서, 독자가 중심이 되는 읽기 방법을 제안한 것이 『어린이 담당 사서를 위한 스토리텔링 운영 매뉴얼』(국립어린이청소년도서관, 2009; 2011)의 읽기 유형 분류이다. 이는 가정과 도서관, 유아교육기관, 학교 등 다양한 현장에서의 책 읽어 주는 상황을 관찰한 연구(이송은, 2009)[4]가 바탕이 되었다. 원문의 각색 여부와 구연 여부가 분류의 주요 축이 되었으며, 이 유형 분류가 보여 주는 핵심 메시지는, 읽기에는 다양한 방식이 있으며 작품에 따라, 대상(청중)에 따라, 활동목적에 따라 동일한 책이라도 유형 선택이 달라질 수 있다는 것이다. 이 읽기 유형은 2013년에 외국 학술지에도 소개되었다(Ko & Lee, 2013).[5] 본장에서는 보다 간결하게 수정한 내용을 알아본다.

---

3) 2012년 이래 책놀이지도사 교재가 '스토리텔링과 책놀이'라는 제목을 공통적으로 사용하는 것은 책놀이에서 스토리텔링이 그만큼 중요하기 때문이다.

4) 이송은(2009). 어린이 담당 사서를 위한 스토리텔링 운영 매뉴얼 개발. 어린이문학교육연구 10(2), 149-176.

5) Ko, S. J., & Lee, S. E.(2013). The effects of picture-book shared reading training for immigrant mothers of young children: An exploratory study. Asia-Pacific Journal of Research in Early Childhood Education, 7(2), 29-46.

〈표 2-1〉 읽기 유형 분류

읽기 유형	Ⅰ	Ⅱ	Ⅲ	Ⅳ	Ⅳ-1 (기타유형)
각색 여부	원문대로 읽기		각색해서 읽기		상황에 따라 선택
구연식 읽기	적용하지 않음	적용	상황에 따라 선택	각색	상황에 따라 선택
방식	• 글자 그대로 또박또박 읽어 주기	• 책 내용을 그대로 다 읽되, 등장인물을 입체적으로 설정하고 상황을 살려서 읽음	• 비교육적인 부분의 삭제나 간단한 어미교체 등 간단한 수준의 각색이 이루어짐 • 등장인물을 입체적으로 설정하고 상황을 살려서 읽거나, 담담하게 읽음	• 줄거리를 그대로 살리되, 각색을 하여 구연식으로 읽어 줌 • 등장인물을 입체적으로 설정하고 상황을 살려서 읽음 • 읽어 주는 사람의 해석이 가미됨	• 글 대신 그림 읽기, 부분 읽기, 건너뛰며 읽기 등을 한 가지 또는 여러 가지 병행함
이 방식이 적합하거나, 요구되는 책의 유형 및 상황	• 문자해독교육 • 동시, 동요 그림책, 정보그림책(※원작이 특별한 해석이 필요 없는 경우)	• 문자해독교육 • 등장인물과 줄거리가 있는 이야기 그림책 • 등장인물과 대사가 가미된 동시, 동요, 정보그림책	• 비속어나 비교육적인 장면이 있을 경우 • 지나치게 길거나 어법이나 문법에 맞지 않는 문장이 있을 경우 • 아동의 이해를 돕기 위해 문장 첨가가 필요한 경우	• 대집단을 대상으로 하는 활동에서 원문의 양이 너무 많을 때 • 공연예술로서의 감상이 필요할 때	〈영아〉 • 놀이 속성이 강한 책 • 줄거리가 강조되지 않는 책 • 책을 처음 보거나 책 읽기 경험이 많지 않을 때, 일종의 과도기적 책 읽기 형태 〈영아 외 연령〉 • 활동 상 특정 장면에 대한 발췌식 읽기가 요구될 때
적용범위	수업용/ 문해 교육	수업용/ 문해 교육	수업용	수업용/ 공연용	영아 초기 책 읽기/책의 일부를 활용하는 수업

책 읽어 주기에 대해 열린 시각을 보여 주는 한 사례를 살펴보자. 2008년 덴마크 코펜하겐에서 열린 제31회 IBBY(International Board on Book for Young People, 국제아동청소년도서협의회) 세계 대회의 공식 주제는 '역사 속의 이야기, 이야기 속의 역사'였다. 대회 기간 동안 소가죽과 야크 가죽으로 만든 천막 티피(Tipi)에서 열린 스토리텔링은 연일 성황을 이루었다.

> "이 천막은 원래 덴마크 굴보르순 도서관의 두 사서가 지역 유치원을 돌며 이야기를 들려주는 이동도서관이다 … 스토리텔러 사서는 45분 동안 이야기하면서 책장을 넘기지만 실제로 책을 읽지는 않고 어린이들과 눈을 맞추며 실감 나게 이야기하였다. 어린이들이 '책을 펼치면 재미있는 이야기가 쏟아져 나온다'고 느끼게 하려는 뜻이란다."
>
> \- 김경희(2008), 「지구촌 스토리텔러들의 잔치에 가다」, 『창비어린이』 2008 겨울호, p.278 -

윗글을 통해 알 수 있는 두 가지가 있다. 하나는 스토리텔러 사서가 이동하며 방문해서 직접 이야기를 들려주는 도서관 프로그램이 일상적으로 진행되고 있다는 것, 다른 하나는 사서가 단순히 책을 그대로 읽는 것이 아니라 책을 매개로 이야기 들려주기를 하고 있다는 점이다. 위 장면에서 '책 읽어 주기'란 곧 '이야기 들려주기'임을 알 수 있다.

5. 읽기 관련 이론

1) 유아 지향적 말하기 및 읽기(child-directed speech)

성인들이 영유아에게 말할 때 효과적인 화법으로서, 일반적인 경우보다 톤이 높은 소리, 다양한 변화를 준 소리, 음절에 강한 강세를 둔 말, 멈춤(pause) 사용 등이 특징이다(Schickedanz, 1999).

2) 구연(口演)식 읽기(storytelling)[6)]

등장인물에 어울리게 목소리를 구별하여 설정하고 상황을 실감 나게 묘사하는 읽기이다. 이를 통해 듣고 있는 사람은 머릿속에서 이미지를 쉽게 형성할 수 있다. 표정과 약간의 제스처까지 곁들이기 때문에 시 · 청각적으로 전달이 잘 되며, 오감각을 통해 세상을 학습해 가는 시기인 영유아기에 적합하다. 유아 지향적 말하기를 이야기 들려주기 속에서 보다 구체화 시킨 것이라 할 수 있다.

브랜드와 도네이토(Brand & Donato, 2001)는 구연식 읽기(storytelling)의 장점으로, 일반적 읽기(story-reading)에 비해 정서적 카타르시스, 책 내용의 이해 증진, 이해 언어와 표현 언어의 발달, 심미적 즐거움, 읽어 주는 사람과 듣는 사람 간의 친밀감 형성, 책에 대한 강한 흥미를 제공하는 점을 꼽았다. 구연식 읽기를 잘하려면 자신의 소리가 잘 전달되는지, 발음이 정확한지, 발성이 자연스러운지 등을 먼저 체크하고 소리 연기에 대한 기본기를 갖추는 게 필요하다.

3) 대화식 읽기(dialogic reading)

성인과 영유아가 대화를 주고받듯 읽는 방식의 읽기이다. 영유아가 익히 알고 있는 익숙한 책을 대상으로 하며, 처음에는 성인이 주축이 되어 읽어 주다가 점차 영아가 읽도록 격려하며 비중을 높여 나간다. 성인은 적극적으로 들으면서 가끔 내용을 일깨워 주고, 영아가 말하려고 노력할 때 확대해 주고, 그림책에 제시된 이야기를 말해 주는 방식이다. 상호작용 위계를 보면, 처음에는 영아가 이야기를 잇지 못할 때 그림책에 제시된 주인공, 물체, 행위에 대한 단순질문을 통하여 영아에게 이야기에 대해 일깨워 주고, 그다음엔 이야기 내용과 관련된 개방적 질문을 하게 된다(Whitehurst et al., 1988). 대화식 읽기의 장점은 글자를 모르는 영유아에게 독자로서의 유능감을 키워 주고 자율성을 격려한다는 점이다.

---

6) 스토리텔링(storytelling)은 협의로 사용될 때는 '동화구연'과 유사하며, 광의로 사용될 때는 '이야기 만들기'나, '이야기 전달하기'를 폭넓게 아우르는 용어로 사용된다.

4) 몬테소리 언어교육의 발문 위계

영아에게 책을 읽어 주거나 질문을 할 때는 다음의 순서에 따르면 적합하다.

- 1단계: 'There is' - "여기 세모가 있네."
- 2단계: 'Where is' - "세모, 어디 있어?"
- 3단계: 'What is' - "이게 뭐야?"

5) 읽기 행동의 발달단계(Sulzby, 1985)

영유아의 읽기 행동은 일반적으로 다음의 발달단계를 보인다.

- 1단계: 이야기가 형성되지 않은 그림 읽기 시도(명명하기/행위 따라 하기)
- 2단계: 구어적 읽기 시도(대화적 이야기 말하기/독백적 이야기 말하기)
- 3단계: 문어적 읽기 시도(읽기와 이야기 말하기가 혼합된 범주/원래 이야기와 비슷하게 읽기)
- 4단계: 문자 읽기 시도(문자 인식에 기초한 읽기의 거부/부분적으로 읽기/독립적으로 읽기)

6) 상호작용의 종류

성인의 언어적 상호작용은 크게 주의 환기(attention - recruiting), 설명(elaboration), 질문(question), 피드백(feedback) 등의 4가지 유형이 있으며, 연령이 어릴수록 주의 환기를 많이 하고 연령이 증가할수록 질문하기와 피드백을 많이 사용한다고 보고되었다(Senechal et al., 1995). 2세 영아와 4세 유아를 대상으로 모–자 상호작용을 분석한 연구(김재순 · 김희진, 2003)에서도 2세아의 부모는 주의 환기와 설명, 4세아의 부모는 질문과 피드백을 많이 사용하는 것으로 나타났다.

❖ **유아의 언어능력을 증진시키는 성인의 상호작용**

㊀ (그림책을 보고 있는 영아): "빵빵"

- 확장모방(expanding): 영유아가 한 말을 문법적으로 완전한 문장으로 살을 붙여 준다(새로운 차원의 정보가 가미되는 것은 아님.).
  → " '빵빵-' 자동차가 달려가요."
- 부연설명(extending): 영유아가 한 말에 새로운 정보를 추가한다.
  → " '빵빵-' 달려가는 자동차를 곰돌이가 헐레벌떡 따라가네."
- 촉진하기(prompting): 질문을 통해 사고와 표현을 유도한다.
  → "왜 따라가는 걸까?", "어떤 일이 벌어질까?"

6. 그림책 맛있게 읽는 방법

그림책은 문학과 미술이라는 두 예술 장르가 만난 것으로, 그림책을 읽어 준다는 것은 곧 글과 더불어 그림도 읽어 준다는 것임을 유념해야 한다. 또 그림책은 무게와 부피, 두께, 질감 등 외형적 물체로서의 특성을 지니고 있는데, 책놀이에서는 이 같은 요소도 읽기와 놀이 과정에서 중요하게 다루어진다. 그림책을 맛있게 읽는 방법은 다음과 같이 정리할 수 있다.

- 주제와 내용에 어울리는 도입 활동으로 책에 대한 관심을 높인다.
- 표지, 면지, 속표지까지 읽는다.
- 글과 그림을 필요에 따라 부분적으로 가리며 읽는다.
- 그림을 적극적으로 읽는다.
- 책이 지닌 외형적 특성을 살려 읽기 활동의 교구로 활용한다.
- 어감을 살려 감각적으로 읽는다.
- 등장인물의 특징을 살려 읽는다.
- 책 읽기 속에서 소리의 강약, 속도 등 화술의 요소를 가미한다.

- 읽기에 청중을 초대한다.
- 노래와 동작을 곁들여 읽는다.

위의 내용에는 화술에 관한 부분, 그림책의 특성을 반영한 부분, 독자의 반응을 격려하는 수업활동 방법 등 크게 세 영역에 걸쳐 읽기 노하우가 정리되어 있다.

다음은 유아 및 아동 교사를 위한 책 읽어 주기 지침을 제시한 외국 사례이다.

〈표 2-2〉 읽기를 위한 교사 자기평가(Teacher Self-Assessment)

책 선택	• 처음에는 쉬운 이야기로 시작한다(예: 반복되는 이야기, 누적되는 이야기). • 교사 자신이 진정으로 재미있다고 느끼고, 남들과 나누고 싶은 이야기를 고른다. • 생활 주제나 단원 등 단순히 교육적 목적에 맞다는 이유만으로 책을 선정하지 않는다. • 유아의 요구, 흥미, 능력 등을 고려한다.
읽기 연습	• 교사에게 도움이 될 만한 것들은 폭넓게 사용한다(예: 녹음기, 메모지 등). • 순서를 기억하기 위해 다양한 단서를 사용한다. • 익숙하지 않은 단어의 올바른 발음을 익힌다. • 구절이나 문장이 부드럽고 편하게 느껴질 때까지 연습한다. • 개인의 스타일이 형성될 때까지 연마한다.
책 읽어 줄 때	• 자신감 있게 표현할 수 있도록 앞부분 서너 줄은 외울 정도로 연습한다. • 편안하고 깊게 심호흡을 하고 시작한다. • 목소리를 명확하게 하고, 유아들에게 알맞게끔 속도를 조절한다. • 내 목소리를 통해서 단어의 자연스러운 리듬이 느껴지도록 한다. • 풍부하게 표현하되, 과도하지 않게 한다. • 자신감이 드러나도록 유아와 눈을 맞추고 몸자세를 갖춘다. • 목적에 맞는 제스처를 사용한다. • 이야기의 절정 부분에서 점차적으로 긴장감을 고조시켜 표현한다. • 갑작스레 끝내지 말고, 유아에게 이야기의 마무리를 알리는 느낌을 준다.
교구 사용 시	• 교구 사용을 적절하게 한다(매체 종류의 적절성, 교구 조작의 원활함). • 교구 때문에 주의가 분산되어서는 안 되며, 주의를 집중하기 위한 것임을 기억한다.

출처: Jalongo(2003), pp.199-203.

다음의 일화들은 읽기와 관련해 실제로 우리 주변에서 일어난 사건들을 다루고 있다. 각각의 에피소드를 읽고 왜 그런 일이 생겼는지, 갈등을 해소할 방법은 무엇인지 이야기해 보자.

1. 도대체 무얼 읽으라는 거야?

손녀(4세): (그림책 한 권을 빼 오며) 할머니, 이거, 이거.

할머니(57세): 아구구, 우리 강아지, 얼마나 똑똑해지려고 벌써부터 책을 읽어? 어디 보자. '비가 오는 날에…', (제목을 읽은 후, 본문을 훑어보다가 당황한 표정으로) 이거 안 좋은 책이네. ○○야, 이거 갖다 놓고 호랑이 나오는 책 갖고 오세요.

- 중략 -

할머니: (왜 안 좋은 책이냐고 필자가 묻자, 웃으며) 진짜 안 좋다는 게 아니라, 읽을거리가 너무 없으니까 그렇지. 몇 줄 읽고 나면 끝나버려. 그림만 잔뜩 있더라고. 뭘 읽으라는 건지 도통 알 수가 없으니 편치가 않지.

2. 어떻게 읽는 게 잘 읽는 거야?

1) 자원활동가 A(여, 45세): 2년 전에 내가 좋아서 책 읽기 자원봉사를 시작했어요. 근데, 날이 갈수록 책을 읽고 나면 답답해지더라고요. 첫날 교육받을 때 "책을 그대로 다 읽어라, 감정을 넣으면 안 된다." 이렇게 들었거든요. 그렇게 쭉 하다 보니, 어떤 날은 책을 읽고 나면 가슴이 터질 거 같은 거예요. 좀 빼고 싶은데, 감정도 좀 넣고 싶은데, 그게 안 된다고 하니. … 기쁨이 없다 보니까, 이제 그만해야겠다 싶어요.

2) 자원활동가 B(여, 68세): 작년에 자원봉사교육 받으러 왔다가 하루 나오고 안 나왔어. 오전하고 오후하고 선생들이 다른 말을 하더라고. 처음 사람은 '그대로 읽으시오.' 했거든. 그런데 다음 선생은 필요하면 고치고 실감 나게 구연하래. 어느 장단에 맞추라는 건지 헷갈리잖아. 골치가 아파 그만뒀지.

3) 사서 C(남, 40대 후반): (강의 중 휴식 시간에 심각한 표정으로 다가와서) 고민이 좀 있는데요. 저희 도서관에 동화구연 동아리랑 그림책 모임이 있는데, 서로 '저렇게 읽으면 안 된다.' 하면서 다투어요. 때로는 밖으로 불거져서 곤란한 일까지 생길 정도입니다. 도서관 입장에서는 두 팀 다 필요한데, 트러블을 줄일 방법이 없을까요?

연·구·문·제

1. 각 읽기 유형의 장단점을 간략히 설명해 보자.
2. 각 유형별 읽기가 어울리는 책을 한 권씩 찾아보자.
3. 『털보 아저씨의 행복 우산』의 경우, 책이 지닌 외형적 특성을 살려 읽기를 어떻게 적용할 수 있을까?

뉴 /스/토/리/텔/링/과

책/놀/이

제3장 책놀이 수업설계

1. 아동의 발달 특성과 시사점
2. 놀이의 이해와 책놀이
3. 반응 중심 문학활동
4. 총체적 언어교육
5. 수업계획안 및 수업일지 작성
6. 좋은 책놀이 수업 점검리스트

본 장에서는 책놀이 수업 설계를 위해 기본 바탕이 되는 대상과 놀이에 대한 이해, 주요 문학활동 이론에 대해 살펴보고자 한다.

1. 아동의 발달 특성과 시사점

그림책을 선정할 때나 문학활동을 설계할 때 발달적 특성을 고려할 필요가 있다. 피아제의 인지발달 및 뇌발달 이론에 따른 특성과 그림책 활용에 대한 시사점을 알아보고, 영아 문학활동 현장연구의 결과를 통해 영아 책놀이 수업 설계 시 참고사항을 알아본다.

1) 인지발달 단계와 그림책 활용에 대한 시사점

〈표 3-1〉 인지발달 단계 및 뇌발달 이론에 따른 그림책 활용에 대한 시사점

단계	주요한 발달적 특성	그림책 선택 및 활용을 위한 시사점
감각운동기 (0~2세)	• 오감각 발달 • 기기, 걷기, 뛰기 등 이동 동작과 비이동 동작, 조작기술 등 기본적인 운동기능을 습득 • 대상영속성 개념의 형성 • 배변 훈련 및 자조 기술 습득 • 1세 후반부터 어휘가 급증 • 뇌의 기본 골격과 신경세포 회로가 일생 중 가장 활발하게 만들어짐 • 감정의 뇌가 발달하는 시기	• 오감각을 자극하고 활성화시키는 그림책과 활동 • 물고 빨고 넘기고 하는 물리적 조작과 탐색에 안전하고 튼튼한 재질의 소재의 책 • 두뇌를 골고루 자극하는 게 필요함. 일방적이고 편중된 학습은 도움이 되지 않음 • 기본생활습관과 관련된 책과 활동이 요구됨 • 선명한 색상의 책이 시선을 끎 • 애착 형성을 도와주는 책 읽기와 놀이

단계	주요한 발달적 특성	그림책 선택 및 활용을 위한 시사점
전조작기 (2~7세)	• 자기중심적 사고 • 물활론적 사고 • 실재론적 사고 • 상징적 사고 발달(가상놀이) • 눈에 보이는 지각적 속성에 의해 판단 • 창의적 상상 발달이 4~5세에 절정을 이룸 • 2세경 세 단어 문장 시작, 4세 무렵 성인과 유사한 문법 구사 • 종합적 사고를 담당하는 전두엽이 발달하는 시기	• 다양한 주제의 환상그림책 • 지적 호기심을 자극하는 정보그림책 • 타인의 관점을 고려해 볼 수 있는 주제의 책 • 전래동화를 통한 이야기 구조 이해 및 도덕적 선악 개념 경험 • 또래와 함께하는 협동놀이 경험 제공 • 발현적 문해를 돕는, 리듬과 반복된 문장의 그림책 • 풍부한 어휘와 정선된 문장을 경험할 수 있는 운문, 산문 그림책
구체적 조작기 (7~11세)	• 가역적 사고, 보존 개념 획득 • 논리적 문제해결 가능 • 탈중심화 • 측두엽이 본격적으로 발달하는 시기	• 삶의 과정이 실감 나게 묘사된 전기문 • 다양한 사실동화, 환상동화 • 사회적 문제를 다룬 책 • 체계적이면서도 흥미 있게 정보를 담은 책

2) 영유아에게 있어서 책의 의미

어린 연령의 영아나 유아에게 책이 어떤 의미를 갖는가는 어떤 책을, 어떻게 읽어 주고 무슨 활동을 할 것인가에 대한 지침이 된다. 언어와 인지능력이 급격하게 발달하는 2세 전후의 영아를 대상으로 한 현장실행연구를 통해 책의 의미를 알아본다.

이송은(2006)의 연구에서 나타난 2세 영아의 책의 의미를 간략히 살펴보면 다음과 같다.

첫째, 2세 영아들은 먼저, 책을 **외형적 사물로서 감각적 대상**으로 인식하였다. 책을 마치 놀잇감인 양 인식하였고, 동시에 소유의 대상으로 여겼다. 책으로 놀기는 또 자연스럽게 그림책의 요소를 발견하는 계기를 제공하며 책 읽기로 전이되기도 하였다.

둘째, 2세 영아들은 책을 **관계 형성의 매체**로 인식하였다. 2세 영아들은 먼저, 책을 읽어 주는 교사 및 부모에 대해 '책 읽기= 읽어 주는 사람의 애정 확인'이라는 의미를 형성했으며, 읽기 경험이 증가함에 따라 또래와의 관계에서 책을 매개로 한 사회적 관계 형성을 보여 주었다.

셋째, 2세 영아들은 책을 **경험적 지식의 탐구 대상**으로 인식하였다. 영아들은 먼저 자신이 가진 선행경험과 친숙성에 의거하여 지식을 형성해 나갔다. 이는 책에 등장하는 사물을 실제 주변 환경에서 찾는 참조 구하기 행동(referential behavior)과 책의 내용을 자신의 생활경험과 연계함으로써 경험적 지식을 재구성해 가는 행동으로 나누어 볼 수 있었다. 다음으로 영아들은 더 높은 수준으로의 지적 호기심을 반영하는 대상으로서 책의 의미를 보여 주었다. 책과 책의 비교를 통해 과학적 속성을 발견하거나, 같은 주제를 다룬 보다 높은 수준의 책을 탐색함으로써 지적 도전과 탐구를 보여 주었다.

넷째, 2세 영아들은 책을 **관습적 읽기의 세계로 입문해 가는 매체**로서 인식하였다. 영아들은 책과의 경험이 증가함에 따라 책에는 여러 가지 요소가 있고 방향이 있으며, 이야기 소리가 글자에 있다는 사실을 알아 나갔다. 영아들은 성인의 중재에 의한 의존적 읽기로 시작했지만 점차 발현적 문해를 포함해 관습적 책 읽기의 세계로 입문해 가는 모습을 보여 주었다. 이 과정에서 영아의 부모 및 가정이라는 생태적 환경 변인이 중요한 요소로 작용하였다.

이상의 의미 발견을 통해 현장에 주는 몇 가지 시사점이 제시되었다.

첫째, 책은 여러 가지 교육적 요소를 가진 놀잇감이 될 수 있으며, 책으로 하는 놀이에 대해 보다 적극적으로 수용할 필요가 있다는 것이다. 또 놀잇감으로 인식하기 때문에 영아들의 책을 둘러싼 소유 분쟁을 발달적으로 자연스럽게 이해하고 보육현장에서는 분쟁이 일어나지 않도록 인기 있는 책을 여러 권 비치해 주는 등 환경적 지원을 해 주어야 한다는 것이다.

둘째, 2세 영아에게 있어 책은 정서적 유대를 가져다주는 귀한 매체라는 점이다. 책 읽기를 통한 긍정적 유대감 형성은 영아에게 정신적 안정감을 제공한다. 상호작용과 관련해서 영아의 정서적 발달을 좀 더 살펴보면, 양육자는 영아가 독자로서의 유능감을 키워갈 수 있도록 '대화식 읽기' 등 반응적 상호작용을 해 줘야 한다는 것이다.

셋째, 2세 영아에게 의미 있는 책 읽기가 되려면 생활경험과의 연계가 필요하다는 것이다. 지나치게 생소한 소재를 다룬 책은 피해야 하며, 감각적 체험이 반영된 확장활동을 계획할 필요가 있다는 점이다. 여기에서의 생활경험은 개인의 생태적 환경경험까지를 포함한다. 단순히 이해하기 쉽고 조작이 쉬운 책뿐만 아니라, 영아의 생태적 · 문화적 배경이 고려된 책의 개념까지 포함한다.

넷째, 2세 영아에게 있어 책은 발현적 문해로 가는 안내자가 되는바, 이를 위해 가정과 기관의 협력이 필요하다는 것이다. 즉 가정에서 즐겨 보는 책을 어린이집에도 비치하거나 영아의 책 읽기 경험을 부모와 교사가 면담이나 기록을 통해 공유할 경우 관습적 읽기의 세계로 유연하게 옮아 가는 데 도움을 준다는 것이다.

이상의 내용에서 바람직한 영아 책 읽기의 방향을 요약해 보면 읽어 주는 사람과의 관계 형성을 통한 정서적 만족을 주는 책 읽기, 놀이를 통해 즐거움을 주는 책 읽기, 실물경험과의 연계를 통해 경험의 재구성을 도와주는 책 읽기, 독자로서 자율성과 유능감을 키워 주는 책 읽기, 교사도 함께 즐기는 책 읽기 등으로 압축할 수 있다. 이 같은 방향 모색을 통하여 책 읽기에 대한 긍정적 태도 형성이라는 영유아기에 걸친 문학교육의 큰 목표(김현희 · 박상희, 1999; Cooling, 2003)를 달성할 수 있을 것이다.

2. 놀이의 이해와 책놀이

1) 놀이의 특성과 책놀이

놀이에 대한 연구와 정의는 동서고금을 막론하고 여러 학자들이 오래전부터 다루어 왔다. 놀이의 특성을 종합해 보면 내적 동기화, 결과보다 과정 중시, 비사실적 행동, 적극적 참여, 긍정적 정서, 외적 규칙으로부터의 자유, 자유로운 선택, 유연성 등을 들 수 있다(박찬옥 외, 2008).

이러한 놀이의 특성을 책놀이에 적용해 보면, 책놀이를 할 때 교사는 아동이 스스로 하고 싶어 하는지, 과정 자체가 의미 있는지, 가작화(make-believe) 행동을 수용하는지, 게임을 위해 설정한 규칙 외에 외부로부터 과도한 간섭은 없는지, 자유로운 선택이 가능한지, 유연성이 있는지 살펴보아야 할 것이다.

2) 놀이의 개념과 책놀이

놀이에 대한 정의는 여러 관점이 있으나 한국민족문화대백과사전은 다음과 같이 설명하고 있다.

> "놀이란 인간의 생존과 관련이 있는 활동과 '일'에 해당되는 활동을 제외한 모든 신체적·정신적 활동의 모든 것을 말한다. …중략… 막연한 휴식은 놀이가 아니다. 일정한 육체적·정신적인 활동을 전제로 하며, 정서적 공감과 정신적 만족감을 바탕으로 이루어지는 활동이다. 인간으로서의 삶의 재미를 적극적으로 추구하고 즐기고자 하는 의지적인 활동이다. 그러므로 놀이는 재미가 있어야 하고 다른 사람들을 끌어들이는 공감력이 있어야 하며, 모든 제약으로부터 해방시켜 주는 자유스러움과 놀이 주체의 자발적인 참여가 보장되어야 한다."
>
> - 한국민족문화대백과사전, 제5권, pp.771-772 -

위의 설명을 통해서 볼 때, 책놀이를 계획하고 진행할 때 교사는 그 책놀이가 과연 재미있는지, 참여자들이 자유로움을 느끼며 만족하도록 잘 설계하였는지를 살펴볼 필요가 있다.

3) 놀이의 교육적 가치, 그리고 책놀이

대부분의 성인이 일을 통해 자신의 능력을 확인하고자 하는 반면, 어린이는 놀이를 통해서 세상을 알아가고, 친구를 사귀고, 자신의 유능감을 확인한다. 영유아 및 초등학령기를 포함한 유년기의 놀이 활동은 신체, 사회성, 인지, 언어, 정서, 창의성 발달에 영향을 미친다(이숙재, 2014). 손을 뻗어 놀잇감을 잡고, 쌓고, 구슬의 수를 세고, 손뼉 치고 노래하고, 친구와 손을 잡고 반환점을 돌고 보드게임 전략을 세우는 가운데, 아이들은 한걸음, 한걸음 성장해 가는 것이다.

어른들은 자주 아이들에게 "놀지 말고 공부하라!"고 한다. 하지만 이 말을 습관적으로 하는 사람이 있다면, 그는 중요한 사실을 모르고 있다. 아이들에게는 '놀이가 곧 공부'라는 것을. 그것도 '즐거운 공부'라는 것을 말이다. 자세히 살펴보면 어른들이 강조하는 '공부' 중에는 미래에는 쓸모가 없어질 단순 연산이나 암기, 양만 강조하는 맹목적인 독서, 강박에 가까운 외국어와의 씨름 등 '재미'와는 거리가 먼 메뉴들이 즐비하다. 이렇게 자신의 의사와는 무관하게 어른들이 짜서 내민 메뉴에 따라 이리저리 휘둘리다 보면 아이들은 점차 생명력과 자신감, 삶과 세상에 대한 기대를 잃어 간다. 놀이 속에서 자기 생각을 표현하고 소통해 본 아이들이야말로 미래 사회가 요구하는 창의적 인재, 긍정적 에너지를 지닌 존재가 될 수 있는데 말이다.

놀이를 통해서 아이는 자신이 할 수 있는 것이 많음을 발견한다. 놀이를 통해서 아이는 스마트폰이나 게임기 없이도 더 큰 재미와 즐거움을 가질 수 있음을 알게 된다. 놀이를 통해서 아이는 친구의 소중함과 규칙과 질서의 중요성을 배워 나간다. 책놀이는 여기에서 한 걸음 더 나아간다. 글과 그림을 새롭게 해석하는 경험을 통해 생각하는 독자로 나아가게 하고, 책이라는 평생의 친구까지 선물한다.

4) 놀이의 유형과 발달 단계

곁에 있는 또래에게는 아무 관심 없이 컵만 끼웠다 빼기를 무한 반복하는 영아와, 친구들과 팀을 이루어 규칙을 만들며 게임을 즐기는 아동 사이에는 수년에 걸친 역동적인 변화 과정이 있다. 놀이의 변화단계는 인지적 측면과 사회적 측면에서 살펴볼 수 있다. 피아제의 인지발달단계는 감각운동기, 전조작기, 구체적 조작기, 형식적 조작기로 구분된다(이숙재, 2014). 놀이와 관련해서 피아제(Piaget, 1962)는 연습놀이, 상징놀이, 규칙 있는 게임으로 구분하였고, 스밀란스

키(Smilansky, 1968)는 기능놀이, 구성놀이, 극놀이, 규칙이 있는 게임 등으로 구분하였다(박찬옥 외, 2008에서 재인용).

발달과 놀이를 통합적으로 살펴보면, 감각운동기의 영아는 신체를 활용하여 만족감을 느끼는 행동을 반복함으로써 즐거움을 얻는 기능놀이로 시작한다. 그러다가 만 2세가 가까워져 오면 물건을 끼우고, 쌓고 만드는 등 창조적 활동인 구성놀이를 시작한다. 그 후 2세 중반경부터는 상징놀이를 시작하는데, 상징놀이는 학자에 따라 상상놀이, 가상놀이, 가장놀이와 혼용되기도 하며, 가작화요소를 포함한다.[1] 사회극놀이(sociodramatic play)는 상징놀이가 더욱 발전한 놀이 형태로, 유아들이 즐겨하는 '엄마아빠놀이'가 예이다. 사회극놀이는 한 명 이상의 친구와 함께하며, '역할의 가작화', '사물의 가작화', '행동과 상황의 가작화', '지속성', '상호작용', '언어적 의사소통' 등 여섯 가지가 수준 높은 사회극놀이의 조건이 된다(이숙재, 2014). 규칙 있는 게임은 인지발달단계상, 아동이 전조작기에서 구체적 조작기로 전환되면서 새로운 차원이 첨가된 것이다. '공기놀이'로 유아의 놀이유형의 변화를 살펴보면 아래 각주와 같다.[2]

사회적 측면에서 보면 놀이의 발달은 비참여 행동, 방관자적 행동, 단독놀이, 병행놀이, 연합놀이, 협동놀이의 순으로 나타난다(Parten, 1932; 이숙재, 2014에서 재인용). 즉 어릴 때는 다른 친구의 놀이를 지켜보다가, 혼자서 놀이하다가, 점차 친구 곁에서 놀다가, 친구들과 함께 놀이에 대해 이야기하고 놀잇감도 빌려주다가, 한두 명이 지도자가 되어 역할을 분담하고 놀이를 조직적으로 진행하게 되는 것이다.

1) 상징놀이의 예: 교사가 그림책의 고추를 가리키며 "호호 매워"라고 찡그리자, 29개월 영아가 두 손으로 컵을 만들어 물을 먹으라고 교사의 입에 대 준다. 실제로는 손에 아무 것도 없다(이송은, 2006).

2) 2세 이전의 영아들은 공깃돌을 굴리고 컵에 담거나 흔들어 보는 기능놀이를 한다면, 3세경이 되면 공깃돌을 다양한 패턴으로 나열하거나 모래케이크의 윗부분을 장식하는 데 사용하며, 4세경에는 공깃돌을 계란으로 가작하여 사회극놀이를 한다. 6세경이 되면 공깃돌로 목표물 안에 던져서 넣는 규칙 있는 게임을 즐길 수 있다(이숙재, 2014).

책놀이를 설계하고 진행할 때 놀이의 유형이나 발달을 고려해야 하는 이유는 아이들이 무엇을 할 수 있는지, 어떤 형태를 즐기는지 알아야 흐름이 자연스럽고 편안한 책놀이를 펼칠 수 있기 때문이다.

❖ 연극놀이(creative drama)

연극놀이(creative drama, '창의적 극놀이'라고도 함)는 기존의 공연으로서의 완성된 작품을 목적으로 하는 연극 개념과는 달리 즉흥적이고, 비공개적이며 과정 중심이며 참여자들은 이끔이(leader)와 더불어 상상하고, 체현하고, 인간경험을 반영하도록 안내된다. 전통적인 연극이 관객에게 보여 주기 위해 미리 짜여진 대본을 연습하고 교사주도적으로 공연을 하는 데 반해, 창의적 극놀이로서의 연극놀이는 극화 과정에서 아동의 즉흥과 자발성을 최대한 살려서, 과정 중심, 체험 중심으로 이루어진다(김선, 1999).

창의적 극놀이의 가장 간단한 형태로는 판토마임을 들 수 있는데, 이런 형태의 극은 유아로 하여금 언어의 부족이나 틀리는 것에 대한 두려움 때문에 놀이 활동이 제한받지 않게끔 한다. 움직임으로 체현하는 동안 메시지 전달을 위해 유아는 그들의 신체 움직임과 얼굴 표정을 사용하게 되며(S. C. Rains & R.T. Isbell, 1994), 이러한 신체 표현 다음에는 자연스럽게 언어표현이 따라오게 된다. 즉, 보다 발전된 형태의 사회극놀이에서 능동적 참여를 통해 유아는 인지적 · 언어적 발달을 하게 되는 것이다. 내러티브 판토마임, 상상을 통한 물체 변형놀이, 즉흥(improvisation), 정지동작 만들기(tableau), 역할 내 교사(teacher-in-role) 등은 유아교육현장에서 적용해 볼 만한 기법이다. 국내에서는 사다리 연극놀이연구소가 1990년대 후반부터 유아와 초등 어린이, 교사를 위한 연극놀이와 연수회를 지속적으로 해 오고 있다. 본서의 책놀이 실제 편에서는 주로 물체변형놀이, 내러티브 판토마임, 정지동작, 장면 만들기 등이 소개되고 있다.

3. 반응 중심 문학활동

"책은 열려 있고 끝나지 않으며,
어린이는 자신의 생각을 더해서 이야기를 완성한다.
읽힌 책은 작가와 독자의 합작품인 것이다."

-타운젠드(Townsend, J. R., 1996)-

반응 중심(response-centered) 문학활동이란 독자반응이론과 발달심리학을 문학교육에 적용한 것으로, 전통적인 문학활동이 텍스트 중심, 작가 중심, 교사 중심, 내용 분석 중심으로 이루어지던 것에 반발해, 독자의 반응 중심, 독자 중심, 어린이 중심, 심미적 읽기와 경험으로서의 문학을 강조한다. 독자 반응 이론(reader-response theory)을 처음으로 구체화한 학자는 로젠블랫(Rosenblatt, 1978)이다. 반응중심 문학활동에서 강조하는 바는 크게 세 가지 측면에서 고찰할 수 있다.

먼저, 독자의 위치이다. 반응 중심 문학활동에서 독자는 문학 작품에서 '하나의 정확한 의미'를 습득하는 게 아니라 자신의 배경지식에 의존해 자기만의 고유한 의미를 만들어낸다. 과거에는 작가가 심어 놓은 한 가지 의미를 알아내기 위해 작품을 분석하는 게 독자의 할 일이었으나, 이제 독자는 작품을 읽고 자신의 경험과 연계하여 의미를 만들어 내고 그 의미를 또 다른 독자와 교류하면서 새로운 의미들을 형성해 나간다. 의미를 해석하고 형성하는 존재로서 아동 독자는 더 이상 수동적인 위치에 있지 않다. 아동 중심 교육철학이 문학활동에 반영된 것이라고도 볼 수 있다.

다음은, 무엇을 문학활동으로 보는가 하는 점이다. 반응 중심 문학활동에서는 심화된 감상방법으로서 소리 내어 읽기, 작품 내용 몸으로 표현하기 등 다양한 방법으로 문학작품에 반응하기를 격려한다. 또 자신의 삶과의 연계, 체험적 활동을 강조한다. 과거, 전형적인 독후활동이라면 으레 몇 가지 언어활동이나 조형 활동 등을 떠올렸다면 이제는 언어, 조형, 음률, 동작, 수·과학, 극놀이 등 다양한 영역으로 풀어낸다. 이는 통합적 문학활동을 격려하는 총체적 언어교육(whole language approach)의 입장과도 닿아 있다.

마지막으로, 왜 문학활동을 하는가 하는 점이다. 위에서도 언급한 것처럼, 반응 중심 문학활동에서는 독자가 문학을 접하면서 자신의 삶과 연계하여 의미를 만들어 내는 것을 중요시한다. 그러기 위해서는 다양한 감상활동뿐만 아니라 각자 음미할 충분할 시간을 주고, 언어를 발견하고 미술적 요소를 발견해 가는 심미적 감상의 기회를 제공해야 한다. 그러기 위해서는 다독의 중요성 못지않게, 질적으로 심화된 감상과 이에 따른 표현을 격려해야 할 것이다.

반응적 문학활동에서는 독자와 텍스트, 사회적 맥락이 세 축을 이루며 특히 사회적 맥락 가운데 상호작용, 경험, 문학적 반응에 대한 성인의 영향을 강조한다(Galda & Cullinan, 2002). 이를 도서관 현장에 적용해 보면, 아동이 반응적 독서가로 자라나는 데는 사서의 문학에 대한 태도와 효과적인 상호작용 여부가 매우 중요함을 알 수 있다. 다음은 책을 읽은 뒤 독후활동에 있을 수 있는 질문 유형이다. '예, 아니오'나 정해진 답이 아닌, 여러 가지 답이 나올 수 있는 개방형 질문이 보다 바람직하다.

〈표 3-2〉 책 읽기 상호작용 시 발문 수준의 예

낮은 수준의 질문	높은 수준의 질문
• 이야기 재미있었니?	• 이야기 어디가 재미있었니? 그 이유는 무엇이니?
• 이야기 속 아이가 어떻게 했니?	• 만약 네가 그 아이라면 어떻게 하겠니?

출처: Jeffrey Trawick-Smith(1994).

4. 총체적 언어교육

1) 총체적 언어접근(whole language approach)

전통적인 언어교육은 듣기, 말하기, 읽기, 쓰기를 각각 분리해서 가르치는 부호 중심 언어 접근법이었다. 그러나 1960년대 초 굿맨과 스미스(Goodman & Smith)가 영어를 모국어로 하는 어린이들을 대상으로 읽기 능력 발달을 위한 연구를 시도한 이래 언어는 각각의 기능을 분리하여 가르치거나 순서적으로 가르치기보다는 동시에 상호 연관적으로, 의미 있는 맥락 속에서 가르쳐야 한다고 주장하고 있다. 부호 중심 접근법은 낱글자 → 낱말 → 문장 → 이야기의 순서로 언어교육이 이루어진다고 봐서 'bottom-up approach'라고도 하며, 총체적 언어 접근법은 반대의 방향을 취한다고 해서 'top-down approach'라고도 한다.

총체적 언어 접근법(whole language approach)을 정리해 보면 말하기, 듣기, 읽기, 쓰기는 서로 통합하여 발달한다는 것을 전제로 하며, 다음의 세 가지 의미를 지닌다(조정숙 · 김은심, 2000; 박혜경 외, 1999).

◆ **언어의 기본 단위는 음소나 낱말이 아니라 전체적으로 의미를 이루는 원문(text)이라는 것이다.**

언어 학습은 작은 단위를 배우고 그것이 모여서 이루는 전체를 알아가는 것이 아니라, 의미를 이루는 큰 부분을 이해하고 싶은 욕구에서 출발하여 그것을 예측하고 수정하면서 지속적인 학습 동기를 유발시켜 작은 단위까지 스스로 배우도록 해야 한다는 것이다.

◆ **언어교육을 총체적으로 한다는 뜻이다.**

전통적인 언어교육에서는 말하기, 듣기, 읽기, 쓰기를 구분하여 어린이는 먼저 말하기, 듣기를 학습하고 다음에는 읽기를 학습하고 그리고 난 다음 쓰기를 학습한다고 생각했다. 그러나 총체적 언어교육에서는 언어의 네 가지 측면은 총체적으로 학습되는 것이 가장 이상적이라고 본다. 즉, 어린이는 좋은 글을 읽음으로써 글의 의미를 내면화하고 내면화된 글의 의미가 쓰기에 나타나며, 쓰기에서 배운 낱말이나 문장은 읽기에 도움을 준다. 우리가 읽기, 쓰기에 관한 고정관념만 깨뜨린다면 2세 어린이는 2세 수준에서 듣고 말하고 읽고 쓰며, 3세 어린이는 3세 수준에서 듣고 말하고 읽고 쓴다는 것을 발견하게 된다.

◆ **교육과정이 통합적으로 이루어져야 한다는 뜻이다.**

총체적 언어교육에서는 언어의 학습 과정을 교육과정의 특정 부분으로 분리하여 다루지 않고 통합하여 총체적으로 다룬다. 총체적 언어교육에서 언어는 어린이들이 실행하는 모든 활동의 기본으로 모든 활동의 도구이며 내용이다.

2) 총체적 언어교육과 문학활동

그림책은 총체적 언어교육 및 어린이의 언어 발달에 가장 강력한 교수 매체이다. 그 이유는 다음 세 가지에서 찾을 수 있다.

- 문학 작품은 음소나 낱말로 이루어져 있는 것이 아니라 원문으로 이루어져 있다.
- 그림책은 어린이들이 듣기와 말하기, 읽기, 쓰기를 동시에 경험할 수 있는 훌륭한 매체이다.
- 문학 작품의 내용이나 주제로 여러 가지 교육 활동을 통합적으로 전개시킬 수 있다.

3) 통합적 문학활동

유아교육에서 통합이라는 용어는 유아의 과거 경험과 현재 경험을 통합시켜 재구성하며 이를 다시 미래의 경험으로까지 통합시켜 주는 일, 유아와 교사의 경험을 연결시켜 통합시키는 일, 교육 내용 간의 연계 및 통합, 학교와 지역사회 생활 간의 통합, 영역별 활동 간의 통합을 통한 전인 교육을 의미한다(중앙대학교 사범대학 부속유치원, 1995).

유아교육에서 통합은 통합의 내용이나 절차뿐만 아니라 교육 현상에 대한 이해, 통합의 목적과 필요성에 대한 인식 등 본질적이며 패러다임적 의미를 가진다. 유아교육에서 통합적인 접근법이 중요한 이유는 다음과 같이 정리할 수 있다(박혜경 외, 1999).

- 유아들은 분리된 내용 영역보다는 통합된 전체 경험으로써 경험하고 배우기 때문에 유아기 교육은 통합적으로 접근해야 한다.
- 영역 간의 통합은 유아가 유의미한 경험을 하는 데 효율적이다.
- 통합적인 접근법은 유아의 인지적·정서적·사회적 발달 등 전인적 발달에 적합하다.

통합적 문학활동은 크게 통합적 교육 계획 안에서의 문학활동과 하나의 그림책에 의한 통합적 교육과정 구성망(single-book curriculum web)으로 나눠 볼 수 있다. 전자는 유아교육현장에서 많이 쓰이는 형태이며, 후자는 문학에 비중을 더 많이 실은 형태이다.

탐색·조작
- 촉감 조각을 만져요
- 촉감 퍼즐을 끼워요

언어
- 촉감말 듣고 따라 하기
- 『보들보들 까끌까끌』 책 읽기

역할
- 보들보들 이불에 인형을 재워요

『보들보들 까끌까끌』
이송은 글, 박나연 그림. 동심. 2010

창의적 표현
- 나만의 촉감책을 만들어요
- 미끌미끌 꾸깃꾸깃 그림을 그려요
- 노래 '보들보들 까끌까끌'

신체
- 보들까끌 손유희
- 촉감길을 걸어요

실외 활동
- 놀이터의 촉감 탐색하기

영아 그림책 통합 망

음률, 신체표현

- 아프리카 음악에 맞춰 이야기 속 등장인물 동작으로 표현하기(니야메, 아난스 할아버지, 말벌, 요정, 표범)

이야기 나누기

- 만약에 이 세상에 이야기가 없다면 어떤 일이 일어날까?
- 내가 만약 니야메라면 아난스에게 세 가지 숙제로 어떤 것을 낼까?
- 아프리카 옛날이야기가 우리나라에 어떻게 알려졌을까?

수

- 수 세기: 항아리 모형 바탕에 말벌이 몇 마리나 들어가나 붙여 보기

미술

- 이야기 황금 상자 만들기
- 아프리카 전통무늬 찍기

『이야기 이야기』
게일 헤일리 글·그림. 엄혜숙 역. 보림. 1996

견학

- 아프리카 박물관 견학

언어

- 자신이 좋아하는 이야기 소개하기
- '이야기'로 삼행시 짓기
- 아난스 할아버지께 편지 쓰기

과학

- 아프리카 나무와 우리나라 나무의 차이점 비교하기
- 공기가 있다는 것을 어떻게 알 수 있나? (실제로 눈에 보이지는 않지만 다른 것이 움직이는 것을 보고 그것이 있다는 것을 알 수 있는 것의 예)

유아 그림책 통합 망

5. 수업계획안 및 수업일지 작성

책놀이에 수업계획안이 필요한 이유는 책놀이 역시 그림책을 활용한 문학활동 수업이기 때문이다. 수업계획안은 교과수업의 진행 계획을 기재한 문서이고 수업일지는 교과수업의 진행사항을 기재한 것이다. 전자는 수업 전에, 후자는 수업 후에 작성한다. 수업일지에는 수업 진행에 따른 참여자의 반응, 현장에서 발견된 문제점이나 특기 사항, 소감과 자기 평가 등을 덧붙여 다음 수업에 참고 자료가 될 수 있도록 한다.

1) 수업계획안과 책놀이

일반적으로 활동계획안은 활동명, 활동 형태, 활동 목표, 활동 자료, 활동 방법(도입, 전개, 마무리), 심화 및 확장 등의 요소로 이루어져 있다(박찬옥 외, 2015). 책놀이에서는 여기에 '활동 대상'과 '그림책 정보'가 추가된다. 일반 교육 현장에서는 일정한 대상자들이 있는 학급의 담당교사가 수업계획안을 작성하는 경우가 대부분이므로 '활동 대상'을 생략하거나 전체적으로 '○세 교육과정'이라고 전제를 붙이지만, 책놀이는 여러 현장에서 다양한 대상자를 다루므로 구체적으로 써 줄 필요가 있다.

활동명은 그 책놀이 수업의 간판 같은 것이므로 활동의 특성이 분명하게 드러나도록 쓴다. 활동의 형태란, 크게 나누어 보면 집단 활동이나 개별 활동이 될 수도 있고, 좀 더 자세히 보면 노래지도, 이야기 나누기, 게임, 신체표현, 찬트, 실험, 동화감상, 동극, 요리, 조형활동 등으로 나눌 수 있다(박찬옥 외, 2015). 그러나 책놀이의 경우는 동화 감상이 기본적으로 전제가 되므로, 읽기 자체가 큰 비중을 차지하는 경우에는 '동화 감상'으로 하되, 전체적으로 보았을 때 연계활동이 더 중요하다면 활동의 특성에 초점을 맞추어 기술하는 게 바람직하다.[3] 활동

3) 활동 형태 기술은 그 수업이 정규 교육과정(예: 어린이집이나 유치원, 초등학교에서의 주제나 단원)인지, 도서관 및 방과 후 프로그램처럼 독자적인 프로그램인지에 따라서 달라지기도 한다.

자료는 그림책을 비롯하여 활동에 필요한 모든 자료를 뜻하며, 구체적으로 쓰되 한눈에 파악하기 쉽도록 묶음으로 쓴다.[4] 활동 목표는 크게 행동적 목표와 표현적 목표로 나눌 수 있는데, 전자가 학습자의 행동을 중심으로 도달할 결과가 명확하게 나타나도록 기술한 목표인 반면, 후자는 활동의 과정에서 얻을 수 있는 교육적 만남을 중심으로 기술한 목표이다(박찬옥 외, 2015). 활동 목표나 활동 방법을 쓸 때는 교사 중심이 아닌, 영유아 및 아동 등 학습자 중심으로 써야 하며, 활동 방법은 '도입–전개–마무리' 순서대로 활동을 기술하되, '·' 또는 숫자를 적고 활동 방법을 서술한 뒤, 줄을 바꾸어 아랫줄에 들여쓰기로 '–' 표기를 한 다음 교사의 주요 발문을 서술한다(박찬옥 외, 2015). 기호의 일관성은 매우 중요하다. 수업(활동)계획안은 누구든, 언제든 그 내용을 보았을 때 쉽게 이해될 수 있어야만 자료로서 가치가 있기 때문이다.

2) 책놀이 수업(활동)계획안의 교육적 가치

오랜 현장경험을 가진 교사도 새로운 책으로 재미있는 책놀이 수업계획안을 작성하는 것은 쉽지 않다. 그럼에도 불구하고 수업계획안을 작성해야 하는 이유는 여러 가지가 있다. 좋은 책을 발굴해서 알리고, 수업을 구체적으로 숙지하고 준비할 수 있으며, 사후 평가와 반성적 고찰이 가능해짐으로써 더 나은 수업을 재구성할 수 있다. 나아가 수업계획안을 통해 타인과의 자료 공유가 가능하게 되어 전문성의 폭을 넓힐 수 있다.

4) 예를 들어, '인형 도안, 색연필, 풀, 나무젓가락 10개, 초록색 종이테이프'라고 쓰는 것보다 '막대 인형 만들기 재료(인형 도안, 색연필, 풀, 나무젓가락 10개, 초록색 종이테이프)'라고 쓰는 게 가독성을 높인다.

6. 좋은 책놀이 수업 점검 리스트

- * • 도서 선정이 적절한가? (아동의 흥미와 발달 수준, 작품성 등)
- * • 읽기 과정에 새로움이나 즐거움이 있는가?
- • 수업의 시작은 매력적이고 주의집중을 돕는가?
- • 전반적인 수업의 흐름이 편안하고 자연스러운가?
- • 아동의 주도성과 능동성을 격려하였는가?
- • 활동 목표를 달성하였는가?
- • 활동 방법이 아동의 발달 수준에 적합한가?
- * • 활동은 책의 주제를 적절히 심화하고 있는가?
- * • 활동 방법은 뻔하지 않고, 전형성을 탈피한, 참신한 것인가?
- * • 아동이 책이 다시 보고 싶어지도록 격려하는가?
- • 활동의 과정이 아동의 안전을 고려하고 있는가?
- • 활동을 위한 준비과정이 너무 어렵거나 부담스럽지 않은가?
  (예: 고비용 / 고난도 교구 제작)

위의 항목 중, '*'를 표시한 내용은 '책놀이'이기 때문에 좀 더 강조되는 요소들이며, 다른 내용들은 일반 수업 활동에도 동일하게 적용되는 것들이다. 나아가 초등 아동을 위한 책놀이는 현장 상황에 따라 교육과정에 대한 이해를 바탕으로 연계해야 할 경우도 있다.

연·구·문·제

1. 『두드려 보아요』와 『앵무새 열 마리』 두 권을 꺼내 놓고 누구를 대상으로 하면 좋을지, 책을 읽고 어떤 활동을 하면 좋을지 생각해 보자(실제편 참조).
2. '흥부 놀부' 그림책으로 책놀이를 할 때와 공연을 할 때를 비교해 공통점과 차이점을 이야기해 보자.

제4장 아동문학과 그림책

1. 유아문학의 교육적 가치
2. 그림책
3. 한국 아동문학 및 그림책의 역사
4. 아동문학의 장르

아동문학이란 아동을 주요 대상 독자로 하는 특수 문학으로서, 형식 면에서는 문학적이고 예술적인 기준을 만족시키고 내용면에서는 아동의 성장 발달에 유익하며 아동이 즐겨 읽을 수 있는 문학이라고 할 수 있다. 유아문학은 대상연령을 0~8세로 설정한다.

1. 유아문학의 교육적 가치

유아기에 문학을 접함으로써 얻을 수 있는 교육적 가치는 여러 가지가 있다. 그림책 이론가 마쓰이 다다시(1996)는 그림책을 읽어 주는 것의 효과를 "조그만 씨앗이 어린이의 마음속에 남아 그것이 긴 세월을 거쳐 여러 가지 체험과 사색을 통하여 싹트고 발전하고 성장하는 것"이라고 비유하였다. 유아기에 좋은 문학을 경험했을 때의 가치를 정리해 보면 다음과 같다(Galda & Cullinan, 2002).

◆ 문학은 유아에게 즐거움을 준다.

문학은 성인에게도 기쁨과 즐거움을 주지만 유아에게도 그것이 최우선의 가치가 되어야 한다.

◆ 문학은 유아에게 정보를 제공한다.

문학을 통해 유아들은 자신을 둘러싼 세상을 이해하고 나아가 자신이 접하지 못한 사람들과 장소에 대해 이해할 기회를 갖게 된다.

◆ 문학은 유아의 언어 능력 발달을 돕는다.

어른이 들려주는 그림책이나 이야기를 통하여 유아는 새로운 어휘를 배우고 일상생활이나 텔레비전에서 접하지 못한 어휘를 배운다. 문학을 접함으로써 유아는 듣고 말하고 읽고 쓰는 잠재적 능력 저장고를 갖게 되는 것이다. 또 어렸을 때부터 이야기책을 많이 접한 유아는 이야기 스키마(schema)를 형성하는 데 도움을 받아 줄거리에 대해 예측할 수 있으며 읽은 내용도 더 정확하게 이해할 수 있다.

◆ **유아기의 문학적 경험은 긍정적 독서 태도를 기른다.**

어려서 독서의 기쁨을 맛본 유아는 읽을거리를 스스로 찾게 되고 독서를 사랑하는 사람으로 자라나게 되는 것이다.

◆ **문학을 통하여 유아는 자신이 직면한 문제에 대한 해결의 실마리를 얻거나 카타르시스를 통해 정서적 안정을 찾을 수 있다.**

오랫동안 사람들은 책을 읽으며 위로를 받고 정서적 안정을 찾았다. 이는 문학이 갖는 치유적 기능으로 유아에게도 해당된다.

◆ **유아는 문학을 통하여 환상과 실재에 대한 직관을 기르게 된다.**

사실동화를 통해서 실제 세계에 대한 이해를, 환상동화를 통해서는 일상적인 한계를 넘어 상상력을 풍부하게 키울 수 있다.

◆ **도덕적 기준과 태도를 발견하고 계발할 수 있도록 도와준다.**

진정으로 잘 쓰인 작품은 따로 강조하지 않아도 책을 읽는 동안 도덕적 기준을 느낄 수 있도록 해 준다. 유아의 발달 수준에 맞는 전래동화가 전형적 예이다.

◆ **미술 작품으로서의 그림을 감상하며 심미적 감상력을 기를 수 있다.**

좋은 그림책은 하나의 장면 자체가 한 편의 미술 작품이 될 수 있기 때문에 다양한 그림을 통해 심미안을 키울 수 있을 것이다.

2. 그림책

1) 그림책에서의 글과 그림

그림책(picture book)은 그림과 글이 유기적으로 결합된 책이다. 그림책의 그림은 '이야기가 담긴 그림'으로서 이야기를 이끌고 가는 시각적 언어이다. 본문 내용에 단순한 부가적인 기능을 하는 '삽화'와는 구별이 되며, 일반적으로 이야기에 삽화가 더해지는 경우에는 그림책과 구별해 그림 이야기책(illustrated book)이라고 한다. 20세기 초, 베아트릭스 포터(Beatrix Potter)가 『피터 토끼 이야기(*The Tale of Peter Rabbit*)』(1902)를 펴낼 때만 해도 이야기는 이미 글 안에 충분히 담겨 있었다. 그러나 진정한 의미의 그림책은 그림 없이는 이야기의 의미가 불충분하다. 그림에는 글에 담겨 있지 않은 추가 정보가 있을 뿐 아니라 글과 그림의 상호작용으로 그림책의 전체 의미가 생성되기 때문이다(현은자 외, 2004). 현대 그림책에서는 글이 점차로 줄어들고 있고, 때로는 글 없이 그림으로만 이야기를 전하기도 한다. 글과 그림이 양립하며 대위적인 관계를 이루는 경우도 있는데, 일반적으로는 대칭, 대위 관계보다는 그림이 본문을 확장, 부연하는 경우가 많다.

그림책은 문학과 미술이라는 두 예술 장르가 만난 것이다. 그림책에서는 때로 문학적 요소가 그림으로 대체되며 생략되기도 한다. 가령, 시공간적 배경이 과거에는 언제, 어디서 일어나는 일인지 글로 표현되었으나 현대 그림책에서는 그림으로 거기가 어디인지, 시각이 언제인지 알려 준다. 그림책에서는 종종 주인공의 안타까운 심정도 표정 그림으로 나타난다. 아래 장면에서, 남동생을 안고 있는 조부모 뒤로 보이는 주인공 얼굴에는 "할아버지, 할머니, 나도 안아 주세요!"라는 절절한 메시지가 담겨 있다. 물론 글에는 나타나 있지 않다. 이럴 때, 글로 된 텍스트만 읽어 주고 등장인물의 표정을 간과해 버린다면 그 그림책을 충분히 읽어 줬다고 하기는 어렵다.

『몽글몽글 따끔따끔』(이송은 글, 김동영 그림, 동심)의 한 장면

이제 '그림책을 읽어 준다'는 것은 곧 글과 더불어 그림도 읽어 준다는 것임을 상기해야 할 것이다. 최근에는 영유아는 물론이요, 초등 아동 도서에서도 그림책의 비중이 날로 높아져 가고 있다.

2) 그림책의 문학적 요소

유아를 위해 좋은 도서를 선정하려면 문학의 요소를 이해할 필요가 있다.

(1) 배경

배경(setting)이란 이야기의 시간과 공간을 말하며, 그림책의 맨 앞에 종종 그림으로 제시되기도 한다. 배경에 관해 길게 말로 묘사하는 것을 유아는 지루해하기 쉽다. 전래동화는 전형적인 형태의 배경을 지니며 이야기와 관련된 민속적·문화적 전통을 반영한다. 가령, '옛날 옛날 깊은 산골에~'로 시작하는 한국의 옛이야기는 산이 많은 지형적 특성과 그로 인한 동물, 나무꾼 등 등장인물과 사건의 발생을 암시하고 있다. 창작동화에서는 시간과 공간이 구체적으로 명시되어야 이야기가 설득력이 있고 갈등 상황이 명료해진다. 배경을 구성에 있어서 독특한 복합적 기제로 사용한 경우도 있는데, 앨런 세이의 『할아버지의 긴 여행』을 들 수 있다. "이 나라에 있으면 저 나라가 그립고, 저 나라에 있으면 이 나라가 그리워진다는 것입니다."라는 묘사는 작품의 배경이면서 주제를 내포하고 있다.

(2) 등장인물

전래동화의 등장인물은 전형적이며, 현대 창작동화의 등장인물은 이야기에 걸쳐 성장과 변화를 보여 준다. 전래동화에서는 '착한 공주, 용감한 왕자, 사악한 계모' 등 선악이 분명하고 처음부터 끝까지 변화가 없는 게 특징이지만 창작동화에서는 줄거리가 전개됨에 따라 성장, 변화하며 다양한 성격의 등장인물이 등장한다. 유아가 얼마나 동일시할 수 있는 인물인가가 중요하다.

(3) 구성

구성(plot)이란 이야기 속에서 사건이 전개되는 순서를 말하며, 유아를 위한 그림책은 '발단－전개－절정－결말'에 이르는 과정이 명확하고 만족스러워야 하며 유머가 있어야 한다. 구성에는 크게 단선적 형식, 일화적 형식, 누적적 형식, 연쇄적 형식, 순환적 형식이 있다. 유아 그림책에 가장 많이 사용되는 것은 단선적 형식으로 시간의 흐름에 따라 순서적으로 이야기가 전개되는 것이다(예: 『심심해서 그랬어』). 누적적 형식이란 문장이나 사건이 반복되면서 시간이 지날수록 새로운 요소가 첨가되는 형식이다(예: 『검피 아저씨의 뱃놀이』). 연쇄적 형식은 하나의 사건이 원인이 되어 다음 사건으로 진행되는 형식이며(예: 『좁쌀 한 톨로 장가든 총각』), 순환적 형식은 이야기 속의 사건의 결말이 다시 원점으로 돌아오는 형식을 말한다(예: 『사윗감을 찾아 나선 두더지』, 『통통 무슨 통』).

(4) 주제

주제(theme)란 한 작품에 전반적으로 흐르는 사고를 말하며, 유아의 세계를 잘 반영하고 있는가가 중요하다. 어린이를 위한 그림책은 종종 성장이라는 주제를 중심으로 조직되어 있다. 즉, 유아들이 너무 어려서, 너무 작아서, 너무 겁이 많아서, 새로운 경험에 직면하여 겪게 되는 문제를 해결해 가는 과정에서 독립심과 자율성의 증가, 유아의 기본 욕구(예: 사랑받고 싶은 욕구)의 충족을 이루어 가는 주제가 자주 등장한다. 이런 주제는 동일시가 쉽게 이루어져 기억에 오래 남는다. 갤더와 컬리넌(Galda& Cullinan, 2002)은 기억할 만한 주제는 "구성과 등장인물들로부터 뽑어져 나와 쉽게 알아낼 수 있고 그림과 구성에 두루 스며 있어야 한다."라고 하였다.

(5) 문체

그림책의 언어는 소리 내어 읽기 적합하고 대상 독자가 대부분 이해할 수 있는 수준이 바람직하다. 그림책은 대부분 성인이 소리 내어 읽어 주어야 하므로 내적 리듬감과 말 자체가 가지는 생동감이 요구된다. 문체(style)는 또한 작품의 분위기를 대변한다. 제인 욜런의『부엉이와 보름달』은 대화체 없이 차분한 해설로 이어지며 눈 내린 밤의 정적과 주인공이 느끼는 긴박감이 작가의 시적 표현을 통해 잘 나타나 있다. 유리 슐레비츠의『새벽』역시 고요하고 명상적인 분위기를 절제된 문체로 대변하고 있다. 반면에 다수의 영아 그림책에서 보듯, 리듬 있는 구어의 반복은 유쾌한 말놀이로 이어진다. 그림책에 담기는 언어의 난이도는 맥락적 이해가 이루어지되, 익숙하지 않은 단어가 약간 포함되어 언어 경험을 확장시키는 정도가 적당하다.

3) 그림책의 미술적 요소

그림책의 그림은 일반 그림과 마찬가지로 높은 미술적 품질을 지녀야 하며 보다 중요한 것은 '미술적 요소들이 본문의 내용과 얼마나 통합성을 이루며 주제를 잘 나타내고 있는가?'이다. 그림책에서의 미술 역시 매체(media)와 기법(technique), 양식(style) 모두와 관련이 있다. 작가는 배경을 재현하고 등장인물을 부각시키며 주제를 전달하고 그림책에 나타난 분위기를 만들어 내기 위해 스타일, 매체, 테크닉 등을 결합시키는데 기본적인 미술적 요소는 다음과 같은 것이 있다(Galda& Cullinan, 2002).

(1) 선

선(line)이란 방향과 움직임을 보여 주며, 굵기와 길이, 각도 등을 통해 정서적 반응과 의미를 표현한다. 수직선은 냉정하고 차가운 느낌, 수평선은 안정감, 곡선은 따뜻함과 자유로움, 날카롭거나 Z자 형의 직선은 흥분과 빠른 운동성, 물결 모양의 선은 동적 에너지를 표현한다.『고릴라』에서 앤서니 브라운은 직선을 통해 냉랭한 가족 분위기와 갇힌 듯한 한나의 심리를 반영하고,『소피가 화나면, 정말 정말 화나면』에서 몰리 뱅은 소피의 윤곽선 변화와 맥박 치는 듯한 선을 통해 폭발할 듯한 심리 상태를 담고 있다. 본서가 다루고 있는 책 중에서 예를 들

자면,『훨훨 간다』의 구불구불하고 동적인 선은 소박하고 흥겨운 분위기를 담고 있다.

(2) 모양

모양(shape)은 선에 의해 둘러싸인 영역으로 보는 사람의 관점과 사고를 나타낸다. 크게 기하학적(geometric), 추상적(abstract), 재현적(representational) 형태로 나눌 수 있다. 모양은 또 크게 봐서 공간(space)도 포함하는데 에드 영은『일곱 마리 눈먼 쥐』에서 검고 넓은 배경을 '또 다른 의미의 형태'로 사용했고, 에즈라 잭 키츠는『눈 오는 날』에서 흰 여백을 통해 눈 온 날의 평화로운 세계를 보여 준다. 신용준의『지하철은 달려온다』는 사각형을 역동적으로 사용한 예이다.

(3) 색

작가는 색(color)을 통해 등장인물의 성격과 분위기, 정서를 표현한다. 색은 따뜻함, 시원함, 성격적 특질, 무관심, 감정을 담고 있다. 가령,『고릴라』의 경우 초반의 희고 푸른색과 후반부의 노랗고 붉은 색조는 각각 한나의 심리적 위축과 소외, 따뜻하고 다정한 감정의 교류를 나타낸다. 색은 가끔 한 가지 색으로 강조되기도 하는데, 본서가 다루고 있는 책 중에서는『그건 내 조끼야』에 사용된 흑백으로 묘사된 동물들과 빨간색으로 강조된 조끼 그림을 그 예로 들 수 있다.

(4) 질감

질감(texture)은 그림에서 나타나는 표면의 느낌으로 화면 속에서 대비를 통해 실제감과 운동, 거칠음과 부드러움을 나타낸다. 질감을 통해 그림책을 자세히 보고 싶고, 만져 보고 싶은 호기심을 유발한다. 본서에서 다루고 있는『봉구야, 목욕하자!』의 경우 닥종이 인형 특유의 투박한 질감이 잘 표현돼 있다.

(5) 디자인

디자인(design)은 작가가 의미 있는 전체로서의 통합성을 전달하기 위해 미술적 요소를 어떻게 배열하느냐의 문제이다. 여기에는 구도(composition), 배치(placement), 원근법 또는 조망(perspective) 등의 요소와 관련이 있다. 속 그림 외에, 제본된 그림책은 외형적으로 겉표지, 면지, 속표지, 책등, 날개, 책갈피 등 여러 요소와 이에 따른 명칭을 갖고 있다.

(6) 매체와 기법

오늘날 그림책의 가장 큰 특징 중의 하나가 매체와 기법의 다양성과 혼합이다. 기법에는 크게 채색 기법과 드로잉, 판화, 콜라주, 스크래치 보드, 사진, 컴퓨터 그래픽, 점토, 조각 등 다양하다. 본서에 수록된 도서들을 살펴보면, 『딸기는 빨개요』는 크레용과 수채물감, 『나처럼 할 수 있어?』는 파스텔, 『말랑말랑 물렁물렁』은 점토를 사용하고 있다. 『분홍줄』에서는 백희나 작가의 콜라주 작업을 발견할 수 있다.

(7) 양식

양식(style)은 화가의 예술적인 개성을 반영하는데, 다양한 그림책 양식을 통해 유아들은 폭넓은 예술 양식을 경험한다. 여기에는 재현주의, 표현주의, 인상주의, 초현실주의 등 다양한 양식들이 있다.

4) 그림책 선택과 평가

그림책의 선택 조건에는 어떤 것이 있을까? 가장 포괄적인 조건 두 가지는 보편성과 개별성이다. 보편성이라 함은 그 연령대의 아이들이 이해할 수 있는 일반적인 권장도서를 말한다. 이 조건에 적합한 도서들은 독서운동단체나 도서관협회, 인터넷 서점, 출판사 등에서 발행하는 권장도서 목록을 예로 들 수 있다.

이에 반해 개별성이란, 맞춤 독서로 그 아이만의 특수성을 고려한 것이다. 가령, 호랑이 이야기를 많이 들어 본 아이는 만 3세가 채 안 되었더라도 호랑이가 나오는 전래동화는 웬만큼 긴 것도 곧잘 몰입해서 듣고 혼자서도 즐겨 찾는다. 또 자동차를 좋아하는 아이는 글밥이 많은 교통기관 소재 정보책도 즐겨 본다. 이 대목에서 흔히 어른들이 호소하는 고민이, "이 아이는 ○○ 종류만 보고 편협한 독서를 해서 걱정이에요."라는 말인데, 사실은 그다지 고민할 게 아니다. 좋아하는 책 종류가 있다는 것은 나름대로 선호하는 책이 생겼다는 것으로, 이는 깊이 있는 독서를 할 수 있는 독자로 자랄 수 있는 가능성이기도 하다. 어떤 아이가 공룡 종류 책만 보면서 공룡 이름만 줄줄이 외워대는 게 걱정이라면, 공룡 책을 못 보게 할 게 아니라 공룡이 등장하는 재미있는 스토리 북(줄거리가 있는 책)을 제시하면 된다(예: 『고 녀석 맛있겠다』). 공룡을 좋아하는 아이라면, 자신이 이미 알고 있던 정보를 기반으로 이 책을 보면서 더 감동받고, 나아가 자신이 즐겨 보던 정보책 종류뿐만 아니라 줄거리가 있는 환상그림책도 무척 재미있다는 것을 알게 될 것이다.

좋은 그림책을 고르는 또 하나의 방법은 '그 그림책이 자꾸 보고 싶은가?' 여부를 체크하는 것이다. 그림책이라고 해서 아이들만 보는 게 아니다. 유아 대상 그림책이라고는 하지만 그것이 좋은 문학을 담고 있다면, 분명 어른이 봐도 재미있는 요소를 담고 있다. 한 페이지를 읽고 나면 다음에 어떤 내용이 나올지 궁금하고, 장면마다 그림 속에 숨겨진 이야기를 새롭게 발견하고, 읽고 나면 미소가 절로 나올 만큼 따뜻하거나 뭉클하고, 때로는 새로운 것을 알게 되는 기쁨도 있다.

좋지 않은 그림책을 선별하는 눈도 당연히 필요하다. 첫 장을 펴면 끝이 뻔히 보이는 책, 순서가 뒤바뀌어도 아무 문제가 없는 책, 그림 없이 글만 읽어도 내용 전달이 충분한 책, 새로움이 없는 책, 문장이 어지럽게 꼬인 책 등등의 특징을 지닌 책이라면, 아무리 권위 있는 단체가 낸 권장도서 목록 속에 있다 하더라도, 유명 출판사나 유명 작가의 타이틀을 입고 있다 하더라도 좋은 그림책이라 할 수 없다. 그림책 한 권을 펼쳐 보자. 재미있는가? 또 보고 싶은가? 아이들에게 읽어 주고 싶은가? 그렇다면 좋은 책이다. 또 유아를 둔 부모나 교사의 사용 후기는 우리를 도와주는 든든한 정보 창고가 된다. 여러 이론가들의 의견을 종합한 그림책 평가 기준은 다음과 같다.

- 유아들에게 즐거움을 주는 책인가?
- 유아가 이해할 만한 수준인가?
- 주제는 가치 있고 새겨 볼 만한 것인가?
- 그림은 개성이 있으면서 글과 조화를 이루는가?
- 글은 즐겁고 새로운 언어 체험을 제공하는가? (반복과 예측, 어휘)
- 그림과 글은 유아의 상상력과 호기심을 자극하고 창의적인 사고를 하도록 격려하는가?
- 인종이나 성, 연령에 대한 고정관념을 탈피하는가?
- 적은 비용으로 쉽게 구할 수 있는 책인가?

영아 그림책은 이에 덧붙여 다음과 같은 항목이 추가된다.

- 그림은 선명한 색상이며 매력적인가?
- 제본, 인쇄, 종이 재질 면에서 안전한가?
- 글은 쉽게 따라 말할 수 있는 리듬과 길이인가?

세계의 우수 그림책 상

20세기에는 그림책과 관련된 상이 여러 개 제정되었다.

• 안데르센 상(Hans Christian Andersen Awards)

1956년 국제아동도서협의회(IBBY: International Board on Books for Young People)가 만들었으며, 2년에 한 번씩 짝수 해에 수여한다. 아동문학 발전에 크게 공헌한 것으로 인정되는 글 작가와 일러스트레이터에게 각각 주어지며, 한 작가가 평생 동안 작업한 작품들을 대상으로 하기 때문에 '작은 노벨상'이라고 불리기도 한다.

• 칼데콧 상(The Caldecott Medal)

19세기 그림책 작가 랜돌프 칼데콧의 이름을 딴 상으로, 1938년부터 매년 미국 도서관협회 산하의 어린이도서관협회에서 수여한다. 미국에서 그 전해에 출간된 그림책 중 가장 뛰어난 그림을 그린 일러스트레이터에게 준다. 수상작(Medal) 외에 주목을 끄는 작품들은 영예 도서(The Honor Books)가 된다.

• 뉴베리 상(The Newbery Medal)

1922년부터 매년 미국 도서관협회 산하의 어린이도서관협회에서 수여한다. 그 전해 미국에서 출판된 아동문학작품 가운데서 가장 훌륭한 작품을 쓴 글 작가에게 수여하는 상으로, 18세기 영국의 서적상인 존 뉴베리의 이름에서 따온 것이다.

• 볼로냐 라가치 상

볼로냐 국제아동도서전에서는 매해 픽션, 논픽션, 뉴호라이즌 세 부문으로 나누어 해당 분야의 우수작을 선정하여 '볼로냐 라가치 상'을 시상한다.

• 케이트 그린어웨이 상(Kate Greenaway Medal)

영국의 그림책 작가 케이트 그린어웨이의 이름을 딴 것으로 영국 도서관협회가 1956년부터 그 전해 영국에서 출판된 그림책 가운데서 가장 뛰어난 일러스트레이터에게 매해 수여한다.

3. 한국 아동문학 및 그림책의 역사

한국 아동문학의 역사는 이채철(1995)의 분류에 따르면, '구비문학 시대, 아동문화운동 시대(1908~1945), 아동문학운동 시대(1945~1976), 아동문학 시대(1976~현재)'로 나뉜다. 1908년에 최남선이 『소년』지에 「해에게서 소년에게」를 발표하였고, 1923년에는 마해송이 최초의 창작동화 「바위나리와 아기별」을 발표하였다. 1931년에는 윤석중이 최초의 동시집 『잃어버린 댕기』를 발간하였다.

- 1970년대부터 발간을 시작한 '창비아동문고' 시리즈는 여러 가지 점에서 아동 문학사에 획을 그은 기획물이다. 출간 당시 전집 판매가 성행하던 관

행을 거부하고 납권 서점 판매 원칙을 고수했고 1977년 이원수의 『꼬마 옥이』를 필두로 2002년 200호를 넘기는 동안 그 이전까지의 소위 '어린이 책=19세기 이전의 세계 명작'이라는 도식에서 탈피해 『몽실 언니』(1984), 『너하고 안 놀아』(1995), 『괭이부리말 아이들』(2000) 등 한국적 정서를 담은 작품과 잘 알려지지 않은 외국 동화와 민담, 생태 이야기 등 다양한 내용을 담았다.

- 1983년 출간되기 시작해서 1984년에 완간된 웅진출판의 『어린이 마을』은 글과 그림, 사진을 모두 창작품으로 구성함으로써 그 이전까지의 '아동문학 출판=저예산, 베끼기, 외국물의 졸속 번역' 등으로 얼룩져 있던 아동문학 및 그림책 시장에 획기적인 바람을 몰고 와 향후 어린이 출판의 풍토를 바꾸는 데 공헌한 책으로 꼽힌다(한국출판마케팅연구소, 2002).
- 1980년에 창립된 '어린이도서연구회'는 회원들의 자발적 참여만으로 꾸려 온 시민단체이다. 이 단체의 뿌리는 '서울양서협동조합'이며 초기에는 우리 겨레의 역사와 문화가 담긴 창작 동화 읽기, 납권 책 사 보기, 새로운 명작 찾아 읽기 등의 운동을 펴다가 1992년부터 회보 『동화 읽는 어른』을 창간하면서 해외 어린이책도 비평과 분석의 대상에 넣었다. 어린이책 연구와 비평 활동, 권장 도서 목록 발간, 회보 발간, 책 보내기 운동 등을 꾸준히 하고 있다.
- 세계 어린이의 해이기도 했던 1979년 문을 연 서울 사직동의 서울시립 어린이 도서관은 최초의 공공 어린이 전문 도서관이라는 점에서 의의가 크다. 어린이 도서관은 그 후 2003년 노원어린이도서관(최초의 지방자치단체 설립 도서관)이 개관되기까지 24년 동안 국내 유일한 공공 어린이 도서관으로 명맥을 유지했다. 2003년에 순천에서 최초로 문을 연 '기적의 도서관'은 민과 관이 함께 세우고 함께 운영하는 새로운 민관 협력 모델의 도서관으로 2024년 8월 현재, 전국에 18개가 있다(www.bookreader.or.kr).
- 1993년 버지니아 리 버튼의 『작은 집 이야기』로 시작한 시공주니어의 '네버랜드 픽처북' 시리즈는 몇 가지 점에서 그림책 시장의 흐름을 바꿔 놓

았다. 철저한 저작권 계약과 원서의 형태를 살리기 위한 제각각의 판형, 전문 번역가의 번역, 작가 및 작품에 대한 가이드 페이지 등 기존의 번안 그림책과는 차별성을 두었고 원화의 질감과 분위기를 살리는 데 역점을 둠으로써 질 높은 그림책의 대중화에 기여했다(한국출판마케팅연구소, 2002).

- 1990년대에는 국내 창작그림책 분야에서 의미 있는 시도들이 있었다. 보리출판사의 '세밀화 그림책 시리즈'는 한국의 자연을 대상으로 한 정보그림책의 새 지평을 열었다. 1994년에는 보림출판사에서 화가가 직접 쓰고 그린 '연필과 크레용'(전 25권)으로 단행본의 가능성을 시도했고 1995년부터 한국 전통문화를 소재로 한 '솔거나라' 시리즈를 선보였다. 1997년 IMF 구제 금융 사태 이후 인문, 사회과학 분야 출판사들이 어린이 출판에 대거 진출한 것도 그림책을 비롯한 아동 도서 시장 확대에 영향을 끼쳤다.

❖ 세계 속의 한국 그림책

그림책 작가 1세대라 불리는 이우경, 홍성찬 등에 이어 1990년대를 전후해 류재수, 정승각, 이억배, 유애로, 한병호, 이영경, 이호백 등 미술을 전공한 전문작가들이 그림책 분야에 참여했다. 이는 순수미술뿐만 아니라 그림책 분야의 예술성과 전문성에 대한 평가가 높아졌음을 의미한다. 류재수는 『백두산 이야기』(1988)로 한국 그림책의 한 출구를 열었다는 평을 받았으며, 이억배는 『반쪽이』, 『세상에서 제일 힘센 수탉』, 『손 큰 할머니의 만두 만들기』 등 한국의 민화를 떠올리게 하는 기법과 색감을 보였다. 이영경의 『아씨방 일곱 동무』, 『넉 점 반』도 한국적인 색채로 주목받았다.

세계적인 그림책 상을 받는 그림책도 증가하고 있다. 『세상에서 제일 힘센 수탉』은 1997년 BIB(브라티슬라바 국제 일러스트레이션 비엔날레)에 선정되었으며, 『노란 우산』(2002년)을 필두로 『도대체 그 동안 무슨 일이 일어났을까?』(2003년), 『파도야 놀자』(2008년), 『마녀만이 날 수 있어요(*Only a witch can fly*)』(2009년), 『그림자 놀이』(2010년) 등이 《뉴욕타임스》지 선정 우수 그림책에 뽑혔으며, 볼로냐 아동도서전에서 수상한 작품도 『팥죽 할멈과 호랑이』(웅진다책), 『지하철은 달려온다』, 『구름빵』 등 여러 편이 있다. 『마음의 집』은 논픽션 부문 대상을 받기도 하였다. 이외에도 『강아지똥』, 『솔이의 추석 이야기』, 『비가 오는 날에…』 등 많은 한국 그림책이 외국으로 수출되어 호평을 받고 있다. 특히 2020년에는 백희나 작가가 '아스트리드린드그렌상'을, 2022년에는 이수지 작가가 안데르센상을 수상하여 한국 그림책의 위상을 드높였다.

한편 국내 출판사의 그림책 관련 상도 증가하고 있는데, 비룡소의 '황금도깨비상', '비룡소 캐릭터 그림책상', 사계절의 '사계절 그림책상' 등을 들 수 있다.

『입이 똥꼬에게』
박경효 글·그림. 비룡소. 2018

제14회 황금도깨비상
그림책 부문 수상, 2008

『괜찮아 아저씨』
김경희 글·그림. 비룡소. 2017

제1회 비룡소 캐릭터 그림책상
대상 수상, 2016

『내 마음 ㅅㅅㅎ』
김지영 글·그림. 사계절. 2021

제1회 사계절 그림책상
대상 수상, 2020

4. 아동문학의 장르

문학의 장르를 나누는 기준은 여러 가지가 있다. 이야기(인물과 갈등과 문제 해결이 있는 구성을 가진)가 있느냐에 따라 서사(narrative) 문학과 비서사적(nonnarrative) 문학, 허구적인 것이냐 사실적인 것이냐에 따라 픽션(fiction)과 논픽션(nonfiction), 길이와 음률에 따라 산문과 운문, 시대와 저자 유무에 따라 전승문학과 창작문학으로 나눌 수도 있다. 이 중 가장 장르별 중복이 없으면서 유아문학에 가까운 분류는 다음 표와 같다(김현희 · 박상희, 1999).

〈표 4-1〉 유아문학의 종류

<table>
<tr><th></th><th colspan="2">산문(prose)</th><th>운문(verse)</th><th rowspan="4">그림책</th></tr>
<tr><td>전승문학</td><td colspan="2">• 민담(folklore)
• 신화 및 전설(myths, legend)
• 우화(fable)
• 서사시</td><td>전래동요</td></tr>
<tr><td rowspan="2">창작문학</td><td>환상문학</td><td>• 환상동화(fantasy)
• 공상과학동화(science fiction)</td><td rowspan="2">동요
동시</td></tr>
<tr><td>사실문학</td><td>• 생활동화(contemporary realistic fiction)
• 역사동화(historical fiction)
• 전기(biography)
• 정보책(informational book)</td></tr>
<tr><td colspan="5">그림책</td></tr>
</table>

그림책은 20세기 초에는 장르라기보다 글과 그림이 함께 하는 내용 구성의 형태적 성격이 강하였으나 20세기 후반부터는 영상과 감성을 중시하는 포스트모더니즘의 영향으로 글과 그림의 유기적 관계로부터 새로운 의미가 발현되는, 고유한 문학 장르로 보는 관점이 대두되고 있다. 위에서 소개한 여러 장르 중 유아교육과 관련이 높은 장르를 중심으로 살펴보기로 한다.

1) 동시

동시란 동심을 소재로 하여 인간과 사물에 대한 사고와 경험을 함축된 언어로 표현한 것으로서, 리듬감과 이미지를 특징으로 한다. 동시의 구성 요소는 심상(image), 리듬(rhythm), 언어(words)를 들 수 있다(구인환, 1990). 유아를 위한 동시 선택 기준으로는, 유아들이 이해할 수 있는 시, 생활 체험이 녹아 있는 시, 리듬과 운율이 살아 있는 시, 독창적인 아이디어가 들어 있는 시, 움직임이 들어 있는 시, 감각적이고 심상이 뚜렷한 시, 유머가 있는 시를 들 수 있다. 동시는 낭송 기법만 달리해도 그 자체로 풍성한 활동이 될 수 있다. 가장 기본적인 동시 낭송 기법은 다음과 같다.

❖ 동시 낭송 기법

- 전체 읽기(unison arrangement)
  - 처음부터 끝까지 모두 함께 소리 내어 읽는 것을 뜻한다.
- 행별 읽기(line arrangement)
  - 여러 모둠으로 나뉘어 한 모둠이 각각 한 행씩 나눠 읽는 방식으로, 오케스트라의 소리처럼 그룹마다 달라지는 음색을 느낄 수 있다.
- 대화식 읽기(dialogue arrangement)
  - 내용 자체가 대화체로 되어 있을 경우, 모둠을 나눠 역할을 정하고 말을 주고받듯 낭송한다.
- 후렴 읽기(refrain arrangement)
  - 한 명의 리더가 내용이 전개되는 부분을 읽고, 반복되는 부분인 후렴은 나머지 참여자들이 받아서 읽는 형식이다.
- 누적식 읽기(cumulative arrangement)
  - 시를 낭송해 감에 따라 낭송하는 사람의 수가 점차 증가되는 방식이다. 여러 모둠으로 나뉘어 시작하고 점차 참여 모둠 수가 많아지게 된다. 예를 들면, 첫째 행은 1모둠, 둘째 행은 1 · 2모둠, 셋째 행은 1 · 2 · 3모둠이

읽는다. 소리의 볼륨이 점차 커지기 때문에 청각뿐만 아니라 피부로도 소리의 울림을 경험할 수 있다.

2) 전래동요

전래동요는 다음과 같은 교육적 가치를 지니고 있다(김세희, 2000).

- 자연스럽게 민족 정체감을 형성하는 것을 도와준다.
- 모국어의 특징을 알게 하고 언어 발달을 돕는다.
- 유아의 사회성 발달을 돕는다.
- 음악적 경험을 제공한다.

전래동요의 유형으로는 언어놀이 노래('나무타령', '성풀이'), 동작놀이 노래('꼬마야 꼬마야', '어디까지 왔나'), 대상놀이 노래('비야 비야 오지 마라') 등이 있다(김세희, 1994).

3) 전래동화

전래동화란 인간의 문화적 유산이며 작가 없이 구전되어 온 전래 이야기이다. 정서장애 아동을 치료하였던 베틀하임(Betteleim, 1975)은 옛이야기의 분석을 통해 환상적 요소가 유아의 상상력을 격려할 뿐만 아니라 공포를 극복하고 위로를 받고 희망을 준다고 하였다. 그는 또 유아가 현실을 바르게 이해하기 위해서는 이러한 환상적 작품을 많이 접하도록 해 주어야 하며, 그럼으로써 현실과 환상의 차이를 더 잘 이해할 수 있다고 보았다(김현희 · 박상희, 1999). 전래동화의 가치는 다음과 같다.

- 문학적으로 풍성한 경험을 제공하는 문학적 가치가 있다.
- 환상성에 기반을 둔 단순 명쾌한 구성이 주는 재미가 있다.
- 권선징악, 친절, 정직 등의 미덕을 장려하는 도덕적 가치가 있다.

- 현실의 불만족을 상상적으로 보상해 주는 욕구 만족의 가치가 있다.
- 옛날이야기를 통해 오늘날의 세계를 이해하는 것을 돕고 어린이에게 삶의 의미를 제공해 주는 가치가 있다.

4) 환상동화

창작 환상동화는 현실과 다른 초자연적인 소재나 대상, 사건이 중심이 되는 이야기이며, 유아문학에서 높은 비중을 차지하는 장르이다. 환상동화는 그 뿌리를 전래동화의 환상성에 두고 있으나 배경, 등장인물, 주제 등에서 전래동화와 뚜렷하게 구별된다. 우선, 배경을 보면 전래동화는 '옛날 옛날 어느 산골에~' 처럼 불특정적이고 모호한 공간과 시간적 배경인 반면, 환상동화는 아주 구체적이면서도 믿을만한 공간적 · 시간적 묘사를 전제로 한다. 등장인물의 경우 전래동화는 선과 악이 분명하게 드러나는 전형적인 성격인 반면, 환상동화의 경우는 다양한 성격을 지닌 인물들이 등장하고 또 이야기가 진행됨에 따라 성장과 변화를 보여 준다. 주제 면에서는 전래동화가 권선징악, 해학과 유머 등 주제가 한정적인 반면, 환상동화는 인간 내면의 문제들에 대한 통찰과 관련한 다양한 주제를 다루고 있다.

5) 생활동화(사실동화)

실제로 일어날 수 있는 가능성의 범위 안에서 설정하므로 사실동화라고도 한다. 생활동화는 동시대의 또래 유아나 어린이들의 생활 이야기를 다루므로 감정이입과 동일시가 쉬운 장점이 있다. 독서치료 분야에서 생활동화가 상대적으로 많이 사용되는 까닭도 바로 이러한 특성 때문이다.

생활동화의 교육적 가치는 크게 다음과 같이 요약할 수 있다.

- 주인공에 대한 동일시가 쉽고 작품에 대한 이해가 쉽다.
- 유아가 현실에서 당면하는 많은 문제를 해결하는 데 도움을 준다.
- 이야기의 주제나 소재가 다양하여 유아들에게 다양한 경험을 제공한다.

6) 정보책

정보책이란 유아들에게 자신을 포함하여 이 세계에서 흥미 있어 하는 것에 대해 정보와 지식을 주는 책이다. 정보책은 흔히 논픽션이라고 하는데 그 이유는 사실(fact)과 개념(concept)을 최우선으로 여기기 때문이다. 정보책에서 이야기가 쓰이기도 하지만 그것은 핵심적 개념을 설명하기 위한 기법으로 쓰일 뿐이다. 정보책의 평가 준거는 정확성과 최신성, 주제 및 전개 방식의 연령 적합성, 정보의 논리적 조직, 매력적인 디자인과 흥미 있는 글 등을 들 수 있다(Galda & Cullinan, 2002). 정보그림책의 소재 중 유아와 관련이 높은 분야를 주제별로 알아보면, 글자, 수, 색과 모양, 교통기관, 동 · 식물, 우리 몸과 성, 전통문화, 세계 여러 나라, 환경 등을 들 수 있다.

연 · 구 · 문 · 제

1. 내가 좋아하는 그림책 한 권을 선택해서 그 책을 왜 좋아하는지, 작가는 누구인지, 장르는 무엇인지 알아보자.
2. 그림책의 문학적 요소(배경, 등장인물, 구성, 주제, 문체) 중 하나를 선정한 후, 그 요소를 대표할 수 있는 그림책을 찾아보자.

제 2부

스토리텔링과 책놀이의 실제

뉴/스/토/리/텔/링/과 책/놀/이

제1장 영아를 위한 책놀이

1. 『꾸벅 인사 놀이』
2. 『덜컹덜컹 기차』
3. 『두드려 보아요』
4. 『똑 닮았어』
5. 『뚜껑 뚜껑 열어라』
6. 『손뼉을 짝짝짝!』
7. 『우리 엄마인가요?』
8. 『불어봐! 후~우』
9. 『보들보들 까끌까끌』
10. 『나처럼 할 수 있어?』
11. 『딸기는 빨개요』
12. 『컵』
13. 『꼭 잡아!』
14. 『장화 신는 날』
15. 『와! 무지개다!』
16. 『빙빙 돌아라』
17. 『구슬비』

영아 책 1

꾸벅 인사 놀이

『꾸벅 인사 놀이』

기무라 유이치 글 · 그림. 웅진주니어. 2017

* **활 동 명** 즐겁게 인사해요
* **활동대상** 만 1세
* **활동목표**
    - 인사하며 즐거움을 느낀다.
    - 신체를 이용한 다양한 인사법으로 반가움을 표현한다.
* **활동자료** 그림책, 동물 그림 자료, '꾸벅 병아리' 만들기 재료(영아 수만큼-노란색 펠트 및 접착 펠트, OHP필름, 스티커)
* **활동방법**

1. '싱글벙글' 노래를 부르며 인사한다.

♫ 싱글싱글싱글 벙글벙글벙글 선생님과 인사해요. 안녕하세요?
싱글싱글싱글 벙글벙글벙글 친구들과 인사해요. 안녕!

2. 그림책을 감상한다.

❶ 책의 내용을 몸으로 표현한다.
- 삐약이가 꾸벅 인사해요. 우리도 인사해 볼까요?

❷ 흉내 내는 소리를 듣고 등장인물을 맞춰 본다.
- '야옹' 이번엔 누가 왔을까요?

3. '인사하기' 놀이를 한다.

❶ 친구들과 함께 동물 그림 쪽으로 이동한다.

- 삐약이네 집에 놀러 가 볼까요? 출발! ♫ 앞으로 앞으로 ~

❷ 동물들을 만나 다양한 방법으로 인사한다.

- 인사해 볼까요? 안녕하세요. 삐약아! 안녕 짝!

4. 여러 상황에 어울리는 인사말을 해 본다.

- 간식을 먹고 나면 어떻게 인사할까요?

5. '꾸벅 병아리'를 함께 만들고 인사하기 놀이를 한다.

6. '꾸벅 병아리'로 작별 인사를 나눈다.

수업메모

- 만 1세는 영아끼리의 인사하는 놀이가 어려우므로, 교사(또는 부모)가 상호작용하며 놀이를 확장하는 것이 바람직하다.

함께 보면 좋은 책

『가은이의 배꼽인사』 한태희 글, 김신희 그림, 소담주니어, 2013

영아 책 2

『덜컹덜컹 기차』

안자이 미즈마루 글·그림. 박숙경 옮김. 한림. 2019

* **활 동 명** 기차놀이해요
* **활동대상** 만 1세
* **활동목표**
  - 큰 말('덜컹')과 작은 말('달캉')을 몸으로 표현한다.
  - 기차놀이에 즐겁게 참여한다.
* **활동자료** 그림책, 상자, 기차 교구, 등장인물 컷
* **활동방법**

1. **상자에서 나는 '덜컹덜컹' 소리를 탐색한다.**
   - (기차 교구가 든 상자를 흔들며) 이게 무슨 소리일까요? 덜컹덜컹 소리가 나네요. 뭐가 들어 있을까요?

2. **기차 교구를 탐색한다.**
   - (연결된 기차를 바닥에서 움직이며) 안녕, 난 덜컹덜컹 기차야. 난 덜컹덜컹 달려가지.

3. **그림책을 감상한다.**

   ❶ 표지 그림을 탐색한다.
   - 기차가 어디 있나요?

❷ 반복되는 부분을 강조하고, 어감을 살려 동작과 함께 읽는다.

- 우리도 덜컹덜컹 움직여 볼까요? (크게 흔들며) 덜컹덜컹, (작게 흔들며) 달캉달캉.

❸ 설명을 첨가하며 읽는다.

- 젖병이 통통통 내렸어요.

4. '덜컹 기차' 극놀이를 한다.

- 덜컹 기차가 갑니다. 덜컹덜컹 달캉달캉. *기차 아저씨, 태워 주세요.*

5. 뒤표지 장면을 상자와 등장인물 컷을 이용해 다시 감상하고 마무리한다.

확장활동

활동 1 태워 보아요

* **활동자료** 상자(또는 바구니), 장난감 또는 인형
* **활동방법**

1. 상자를 이용해 인형 태우기 놀이를 한다.
   - 큰 기차 출발합니다. 인형을 태워 볼까요? 기차 아저씨, 태워 주세요.
2. 기차 아저씨가 되어 상자를 끌어 본다.

활동 2 얼굴을 만들어요

* **활동자료** 종이접시, 등장인물 컷
* **활동방법**

1. 그림책 뒤표지 그림을 다시 한번 탐색한다.
2. 등장인물 컷으로 웃는 얼굴을 만들어 본다.

수업메모

- 만 1세는 교구 컷을 입으로 가져갈 수 있으므로 안전과 청결에 유의한다.

함께 보면 좋은 책

『화물열차』 도널드 크루즈 글 · 그림, 박철주 옮김, 시공주니어, 2017

영아 책 3

『두드려 보아요』

안나 클라라 티돌름 글·그림. 사계절. 2007

* **활 동 명** 두드려 보아요!

* **활동대상** 만 1세

* **활동목표**
  - 신체를 조절하여 문을 두드리고 열어 본다.
  - 여러 가지 사물을 두드리며 소리를 탐색한다.

* **활동자료** 그림책, 문 교구(영아 수만큼), 동물 손인형(영아 수만큼), 도화지 막대(영아 수만큼)

* **활동방법**

1. '똑똑똑'(김성균 작사 · 작곡) 음률에 개사한 가사를 붙여 손유희를 한다.

♫ 똑똑똑똑 똑똑 문 좀 열어 주세요~

2. 그림책을 감상한다.

❶ 표지를 탐색한다.

- 친구가 문 앞에 서서 무엇을 하고 있나요?

❷ 동작을 곁들여 책을 읽는다.

- (그림책 속의 문을 두드리며) 똑똑, 두드려 볼까요?

❸ 책 속의 내용을 흉내 내어 본다.

- 토끼가 당근을 맛있게 먹고 있네요. 우리도 먹어 볼까요?

3. 문 교구와 손인형을 활용하여 문을 두드리고 열어 본다.

- 파란색 문이에요. 누가 나올까요? 안녕, 여기는 토끼집이에요!
- 엄마랑 같이 '똑똑' 놀이해 볼까요?

4. '짝짝, 둥둥둥' 놀이를 한다.

❶ 신체 여러 부위를 두드리며 소리를 만들어 본다.

- 손하고 무릎하고 만나면 무슨 소리가 날까요?

❷ 도화지 막대로 두드리며 주변을 탐색한다.

5. '똑똑똑' 손유희를 하며 마무리한다.

수업메모

- 영아 전기(1세)와 영아 후기(2세)의 차이

  20개월 정도의 영아들은 서로 문을 두드리거나 또래 상호작용 놀이가 어렵다. 이때는 우드락 문을 이용한 수업에서 혼자서 갖고 놀거나 모-자 놀이 형태의 활동이 바람직하다.

  24개월이 지나 30개월 무렵의 영아 후기에 이르면, 또래 간의 놀이도 시도해 볼 수 있으며, 다른 아이의 모습을 보고 흉내 내기도 한다.
- 다문화가정 모-자 수업에서는 '똑똑'과 '안녕하세요'를 엄마 나라말로 해 봄으로써 어머니와 자녀의 문화 정체성을 북돋울 수 있다.
- '똑똑똑' 손유희 부록 참조(p.286)

함께 보면 좋은 책

『똑똑 누구야 누구?』 엄혜숙 글, 배현주 그림, 웅진주니어, 2021

영아 책 **4**

『똑 닮았어』

김선영 글, 한병호 그림. 키위북스. 2016

* **활 동 명** 모두 모두 닮았네!

* **활동대상** 만 1세

* **활동목표**
  - 여러 가지 동물들의 생김새와 특징을 탐색한다.
  - 동물의 움직임을 신체로 자유롭게 표현한다.
  - 부모와 닮은 점을 찾으며 사랑을 느낀다.

* **활동자료** 그림책, 동물 그림 자료(코끼리, 물고기, 오리), 집 모양 교구, 액자 만들기 재료(색종이-영아 수만큼, 엄마와 영아 사진)

* **활동방법**

1. '요기 여기' 동요를 부르며 '닮았네'라는 말을 경험한다.

♬ 눈은 어디 있나 요기~

- 엄마랑 나랑 눈도, 코도, 입도 똑같네요. 똑 닮았네~

2. 그림책을 감상한다.

❶ 표지를 탐색한다.

- 엄마 얼룩말과 아기 얼룩말이 있네요. 동그란 눈, 길쭉한 귀, 웃는 입이 엄마랑 아기가 똑 닮았네요.

❷ 큰 말 · 작은 말과 반복되는 문장을 강조하여 읽고 노래를 덧붙인다.

♬ 닮았네 닮았네 똑 닮았네 ~

❸ 큰 말과 작은 말을 몸으로 표현하며 읽는다.

- 아빠 코끼리 코는 둘둘, 아기코끼리 코는 돌돌. 아빠 코를 만들어 볼까요?

3. '엄마-아기 찾기' 놀이를 한다.

❶ 엄마 동물 그림 컷을 집 모형에 각각 붙이고 교실 곳곳에 놓아둔다.

❷ 아기 동물 그림 컷을 가지고 엄마 찾기 놀이를 한다.

♬ 엄마 찾으러 갑시다. 이야이야오~

❸ 동물의 움직임을 몸으로 표현해 본다.

- 우리도 코끼리 코를 만들어 볼까요?

♬ 닮았네 닮았네 똑 닮았네. 엄마 코 아기 코 똑 닮았네.

4. 엄마와 아기 사진 액자를 만든다.

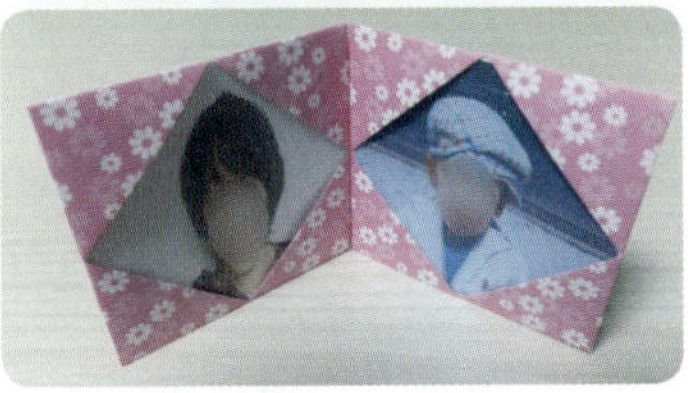

- (엄마 사진을 보이며) 누구 엄마일까요?
- 엄마랑 ○○이랑 똑 닮았네.

5. '똑 닮았네' 노래를 부르며 마무리한다.

수업메모

- 한두 명을 대상으로 읽어 줄 때에는 처음부터 '똑 닮았어'로 원문대로 읽는다. 여러 명을 대상으로 읽고 노래하는 수업에서는 영아가 발음하기 쉽도록 '닮았네'로 바꿔 읽다가, 책이 익숙해지고 월령이 증가하면 원문대로 읽는다.

함께 보면 좋은 책

『할머니랑 나랑 닮았대요』 정미라 글, 조미애 그림, 비룡소, 2012

『무엇이 무엇이 똑같을까?』 이미애 글, 한병호 그림, 보림, 2006

영아 책 5

『뚜껑 뚜껑 열어라』

정은정 글, 윤지회 그림. 시공주니어. 2013

* **활 동 명** 뚜껑 밑에 누굴까?

* **활동대상** 만 1세

* **활동목표**
  - 여러 색깔 뚜껑에 관심을 가진다.
  - 뚜껑을 이용한 놀이에 즐겁게 참여한다.

* **활동자료** 그림책, 실물 자료(뚜껑이 있는 냄비, 플라스틱 밀폐용기), '뚜껑 놀이' 교구(색깔 뚜껑, 동물 컷)

* **활동방법**

1. '손으로 가리고' 손유희를 한다.

- 손으로 얼굴을 가려 볼까요? 까꿍!

♬ 손으로 가리고 손으로 가리고, 왼쪽으로 가니 친구가 있네요. 까꿍!

2. 여러 가지 뚜껑을 탐색한다.

- 이것은 냄비예요. 여기에 뚜껑이 있네요.

3. 그림책을 감상한다.

❶ 운율을 살려 읽는다.

♬ 뚜껑 뚜껑 열어라. 빨간 뚜껑 열어라. 빨간 뚜껑 밑에 누가 있을까?

❷ 문고 대답하는 과정을 통해 호기심을 갖는다.

♬ 뚜껑 밑에 누굴까? 궁금해요. 누굴까? 궁금해요~ 쉿! 하나 둘 셋, 까꿍!

- 친구들이 뚜껑을 들고 모두 어디로 가는 걸까요? 따라가 볼까요?

4. '뚜껑 열고 닫기' 놀이를 한다.

- 초록 뚜껑 밑에 누가 있을까요? 하나 둘 셋 까꿍!
  와아~ 초록 뚜껑 밑에 개구리가 있었네요.

5. 뚜껑 교구로 얼굴을 가리고 까꿍 놀이를 한다.

- 하나 둘 셋 까꿍! ○○이가 있었네요!

6. 손유희를 하며 마무리한다.

수업메모

- 영아가 선택한 뚜껑의 색을 교사가 언어로 표현해 주는 것이 바람직하다.
- '뚜껑 열고 닫기' 놀이를 할 때, 20개월 정도의 영아들은 뚜껑 2개를 제시해 놀이하다가 점차 뚜껑의 수를 늘려간다. 30개월 정도의 영아는 뚜껑과 동물의 같은 색깔 찾기 놀이로 확장할 수 있다.
- '손으로 가리고' 손유희 부록 참조(p.293)

함께 보면 좋은 책

『누구게?』 최정선 글, 이혜리 그림, 보림, 2017

『두드려 보아요』 안나클라라 티돌름 글 · 그림, 사계절, 2007

영아 책 **6**

『손뼉을 짝짝짝!』

이성아 글·그림. 키다리. 2017

*** 활 동 명** 손뼉을 짝!

*** 활동대상** 만 1세

*** 활동목표**

- 동물의 생김새에 관심을 가진다.
- 신체를 조절하며 손뼉치기를 한다.

*** 활동자료** 그림책, '동물 손 찾기' 교구(동물, 동물 손-토끼, 염소, 곰, 다람쥐, 악어, 돼지, 개구리), 전자 초

*** 활동방법**

1. 노래를 부르며 인사를 나눈다.

♬ 우리 모두 다 같이 손뼉을 짝짝! ○○야 반가워, 손뼉을 짝짝!

2. 교사가 제시한 동물 손 모양 교구와 같은 손을 찾아본다.

♬ 똑같다, 똑같다, 똑같다, ○○손이 똑같다.

- ○○가 손을 찾았네요. 손이 똑같네요. 손뼉을 짝!

3. 그림책을 감상한다.

❶ 동작을 곁들여 그림책을 감상한다.

❷ 책 내용을 교구로 활용해 상상놀이를 한다.

- (초를 제시하며) ♬ 생일 축하합니다. 후~!

❸ 노래를 부르며 그림책을 다시 감상한다.

4. 노래에 맞춰 손뼉치기 놀이를 한다.

♬ ○○야, 사랑해. 손뼉을 짝! ○○야, 사랑해. 손뼉을 짝!

○○야, 사랑해. 손뼉을 짝! 우리 모두 다 같이 손뼉을 짝!

5. 손뼉을 '짝' 치며 마무리한다.

- ○○야, 잘 가. 다음에 보자! 손뼉을 짝!

확장활동

활동 1 아기 손부채 만들기

* 활동자료 머메이드지 2장, 아이스크림 막대, 가위
* 활동방법

1. 영아의 손을 머메이드지에 그린 후 2장을 겹쳐 오린다.
2. 오린 종이 사이에 아이스크림 막대를 끼워 손부채를 만든다.
3. 손부채를 이용하여 노래에 맞춰 손뼉치기 놀이를 한다.

함께 보면 좋은 책

『꼬리, 꼬리, 누구 꼬리?』 줄리 머피 글, 한나 톨슨 그림, 윤선주 옮김, 보랏빛소어린이, 2024

영아 책 **7**

『우리 엄마인가요?』

이송은 글, 오정일 그림. 동심. 2008

* **활 동 명** 우리 엄마인가요?

* **활동대상** 만 2세

* **활동목표**
  - '예/아니오' 의사 표현을 하며 극놀이를 즐긴다.
  - 동물과 같은 색 찾기 놀이에 즐겁게 참여한다.

* **활동자료** 그림책, 동요 음원('알록달록'), 등장인물 인형 교구(7개), 색깔 매트

* **활동방법**

1. 아기 개똥벌레 인형과 인사한다.

- 안녕, 난 아기 개똥벌레야. 그런데 엄마를 잃어버렸어.

♫ 우리 엄마는 어디 있을까? 어디 있을까?

2. 그림책을 감상한다.

❶ 같은 말이라도 등장인물의 표정, 상황, 거리감 등을 고려해 입체적으로 읽는다.

- (아기 개똥벌레가 손가락 물고 있는 장면: 혼잣말하듯 서글픈 느낌으로) 우리 엄마는 어디 있을까?
- (무당벌레가 흘깃 개똥벌레를 쳐다보는 장면: 무심한 어조로 성의 없이) 아니, 난 무당벌레야. 알록달록 옷을 입고 있지.

❷ 의태어는 어감을 강조하며 읽는다.

- (가볍게) 나풀나풀 날아다니지.
- (무겁고 느리게) 느릿느릿 기어가지.

3. 인형 교구로 극놀이를 한다.

♬ 우리 엄마는 어디 있을까? 어디 있을까?

- (영아에게 인형 교구를 나눠 준 후) 우리 엄마인가요? *아니.*

4. '똑같다' 노래를 부르며 인형과 같은 색의 매트를 찾아간다.

- 인형이랑 같은 색을 찾아볼까요?

♬ 똑같다 똑같다 똑같다~

5. '알록달록' 체조를 한다.

♬ 알록달록 알록달록 무당벌레 느릿느릿 달팽이~

6. 활동을 회상하고 마무리한다.

- 인형도 안녕~ 그림책도 안녕~

수업메모

- 이 책은 특히 등장인물의 목소리를 구분하고 장면마다 상황과 정서를 반영해 읽는 것이 중요하다.
- '똑같다'라는 말은 24개월 내외의 아이들이 가장 즐겨하는 표현이다. 아이들은 책을 볼 때도 자신이 알고 있는 대상(예: 어항 속 물고기)이 책에 나온다든가, 전에 본 책에 있었던 사물(예: 버스)이 다른 책에 나오면, "똑같다"라고 박수를 치며 매우 즐거워한다.
- 이 수업은 극놀이, 색깔 인지, 음률과 신체표현 등 책 한 권으로 하는 통합적인 영아 문학활동의 예가 될 수 있다.
- 동요 음원 ('알록달록') 문의
  동화가있는집 연구소 www.leestoryhouse.com ☎ 02-2632-1582

함께 보면 좋은 책

『우리 엄마 어디 있어요?』 기도 반 게네흐텐 글 · 그림, 서남희 옮김, 한울림, 2004
『깜짝깜짝! 색깔들』 척 머피 글 · 그림, 비룡소, 2006

영아 책 8

『불어봐! 후~우』

하루노 마이 글·그림. 유하나 옮김. 곰세마리. 2022

*** 활 동 명** 불어봐! 후~우

*** 활동대상** 만 2세

*** 활동목표**

- 신체를 움직여 자유롭게 표현한다.
- 풍선의 모양 변화를 탐색하고 즐겁게 놀이한다.

*** 활동자료** 그림책, 미용티슈, 흰색 뽕뽕이, '움직이는 구름' 교구, 습자지 꽃잎, 풍선놀이 활동자료(영아 수만큼-풍선, 백업 채, 털실), 풍선 꾸미기 재료(영아 수만큼-눈 · 코 · 입 스티커, 풍선 막대)

*** 활동방법**

1. 여러 가지 방법으로 바람을 탐색한다.

❶ 손바닥으로 바람을 느껴 본다.

- (영아의 손바닥에 '후' 하고 입김을 불며) 바람을 만들어 볼까요? 두 볼을 볼록볼록 하나, 둘, 셋 후우~

❷ 가벼운 소재를 입으로 불어 움직여 본다.

- 휴지를 후~ 불어 볼까요?

❸ 움직이는 구름을 탐색한다.

- (뿅뿅이를 구름 교구에 붙이며) 구름을 만들어 볼까요?
- 바람이 구름하고 놀고 싶대요. 불어봐! 후우~

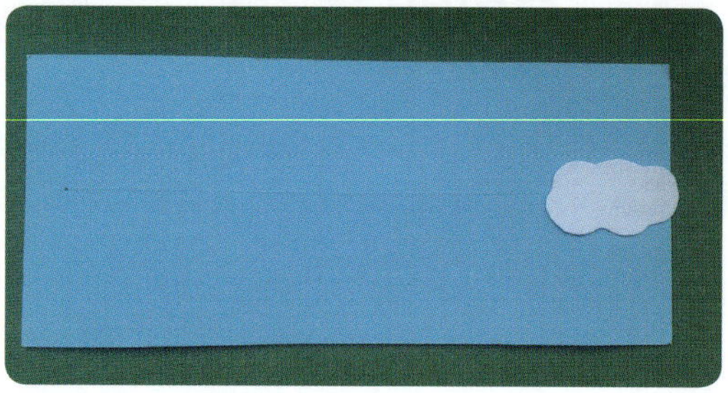

2. 그림책을 감상한다.

❶ 그림책 표지를 탐색한다.

- (그림을 부분적으로 가리며) 이 친구가 지금 뭐 하고 있나요?

❷ 그림책의 내용을 몸으로 표현해 본다.

- 여기 풍선이 있네. 우리 다 같이 불어 볼까요? 하나, 둘, 셋, 후-우.
- (주먹으로 나팔 모양을 만들며) ♬ 뿌뿌뿌~
- (꽃잎을 날리며) 꽃잎 선물이 왔어요. 불어봐! 후~우.

3. 풍선의 모양 변화를 관찰한다.

❶ 풍선에 바람을 넣고 빼며 바람을 느껴 본다.

❷ 교사와 풍선 주고받기를 한다.

4. 풍선을 이용해 다양한 놀이를 한다.

❶ 엄마와 풍선 주고받기 놀이를 한다.

❷ 풍선에 실을 매달고 놀이를 한다. (손으로 치기, 발로 차기 등)

❸ 풍선 채로 풍선 치기 놀이를 한다.

5. 풍선 꾸미기를 한다.

6. 활동을 회상하며 마무리한다.

수업메모

- 풍선 꾸미기 예) 강아지, 웃는 얼굴

함께 보면 좋은 책

『후 불어봐』 김도아 글 · 그림, 키다리, 2017

『후-하고 불면』 마츠다 나나코 글 · 그림, 서지연 옮김, 스마트베어, 2021

영아 책 **9**

『보들보들 까끌까끌』

이송은 글, 박나연 그림. 동심. 2010

* **활 동 명** 촉감 놀이해요

* **활동대상** 만 2세

* **활동목표**
  - 여러 가지 촉감을 경험한다.
  - 촉감을 나타내는 단어를 말로 표현한다.

* **활동자료** 그림책, 다양한 촉감 소재, 강아지 인형, 동요 음원('보들보들 까끌까끌'), 촉감 매트

* **활동방법**

1. 동요를 부르며 신체에서 느낄 수 있는 촉감을 탐색한다.

♬ 거미가 줄을 타고 올라갑니다.

- (교사 어깨 부위를 가리키며) 여기는 딱딱해요.
- (귓불을 만지며) 여기는 느낌이 어때요?

2. 강아지 인형과 함께 다양한 촉감 소재를 탐색한다.

- 안녕, 난 공공이야. 난 지금 너무 졸려. 그래서 잘 곳을 찾고 있어.
- (까끌까끌한 소재를 만지며) 여긴 어떨까?

3. 그림책을 감상한다.

❶ 표지를 탐색한다.

- 강아지가 하품하고 있네요. 졸린가 봐요.

❷ 촉감 소재와 촉감 단어를 강조하며 읽는다.

- 바삭바삭 만져 볼까요?

❸ '보들보들 까끌까끌' 동요를 부르며 그림책을 다시 한번 감상한다.

♬ 바삭바삭바삭 아이 시끄러 ~

4. 주변 사물과 공간의 촉감을 탐색한다.

- 여기 거울이 있네요. 거울을 한번 만져 볼까요?

5. 촉감 매트를 탐색한다.

- 촉감 길 위를 걸어 볼까요?
- 울퉁불퉁한 곳을 찾아볼까요?

6. 활동을 회상하고 마무리한다.

- 오늘 여러 가지 촉감을 느껴 보았는데 집에는 어떤 촉감이 있는지 찾아볼까요?

확장활동

활동 1 나만의 촉감책 만들기

* **활동자료** 펠트 바탕책, 고리, 다양한 촉감 소재, 양면테이프
* **활동방법**

1. 여러 가지 촉감 소재를 탐색한다.
2. 펠트 바탕책에 촉감 소재를 붙인다.

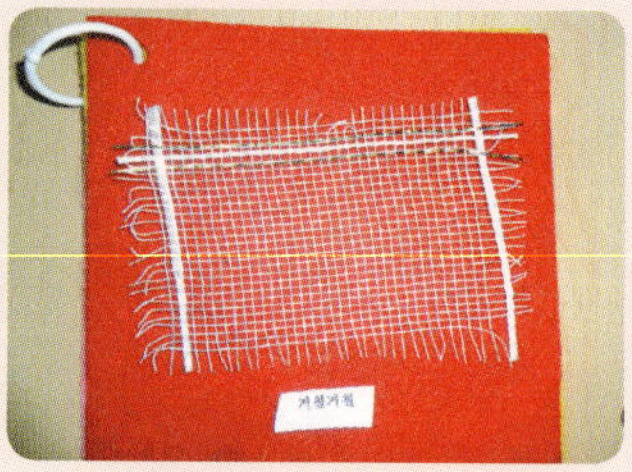

수업메모

- 발 또는 무릎으로 탐색할 때 아플 수도 있으므로 촉감 매트의 울퉁불퉁한 조각은 맨 끝에 연결하는 게 좋다.
- 수업 시간과 소재 준비 여부에 따라 촉감책 만들기를 다음 차시에 할 수도 있다. 단, 교육적인 효과 면에서 책에 붙일 소재는 생활 주변에서 구하는 게 좋다. 찾아보는 과정에서 촉감에 대한 감수성을 키울 수 있기 때문이다.
- 촉감 탐색 활동이 익숙해지거나 월령이 높아질수록, 촉감 단어를 말하고 그에 해당하는 촉감 소재를 찾아보는 놀이로 확장한다.
- 동요 음원('보들보들 까끌까끌') 문의
동화가있는집 연구소 www.leestoryhouse.com ☎ 02-2632-1582

함께 보면 좋은 책

『폭신폭신 올록볼록 동물 촉감책』 스마일 마마 글 · 그림, 김종혜 옮김, 키즈엠, 2020
『Usborne 우리 아기 알록달록 농장 촉감책』 스텔라 배곳 그림, 조세핀 톰슨 디자인, 어스본 코리아, 2022

영아 책 10

『나처럼 할 수 있어?』

이선영 글, 천지은 그림. 동심. 2009

* **활 동 명** 나처럼 할 수 있어?
* **활동대상** 만 2세
* **활동목표**
    - 동물의 움직임에 관심을 갖는다.
    - 동물의 움직임을 표현한 의태어를 이해하고 즐겁게 놀이한다.
* **활동자료** 그림책, 동요 음원('나처럼 할 수 있어'), 동물 집 교구, 등장인물 목걸이
* **활동방법**

1. '손으로 가리고' 손유희를 한다.

♫ 손으로 가리고 손으로 가리고 왼쪽으로 가니 토끼가 있네요. 깡충깡충 안녕하세요.

2. 그림책을 감상한다.

❶ 동작을 함께 해 보며 책을 감상한다.

- 거북이가 물어봐요. 나처럼 할 수 있어?
  엉금엉금! 우리 대답해 볼까요?
  나도 할 수 있어. 엉금엉금!

❷ 마지막 장면에서는 읽기를 멈추고, 교실 한쪽 편에서 반대쪽으로 달린다.

- 나처럼 할 수 있어? 콩콩콩콩콩 콩 콩 콩! 우리도 뛰어 볼까요?

3. '나처럼 할 수 있어' 동요를 부르며 책을 다시 한번 감상한다.

♬ 나처럼 할 수 있어~ 엉금엉금 거북이 ~

4. 동물 집 교구를 이용하여 친구 집 찾아가기 놀이를 한다.

❶ 영아들이 동물 집에 들어가고 나면, 차례대로 동물의 집을 방문한다.

❷ 그림책 속 주인공 아이의 집을 찾아간다.

- 친구야, 놀자~

5. '나처럼 할 수 있어' 체조를 하고 마무리한다.

수업메모

- 월령이 낮은 만 1세 영아의 경우는 몇 가지 기본동작만 선택해서 할 수 있다.
- '손으로 가리고' 손유희 부록 참조(p.293)
- 동요 음원('나처럼 할 수 있어') 문의
  동화가있는집 연구소 www.leestoryhouse.com ☎ 02-2632-1582

함께 보면 좋은 책

『무엇이 무엇이 똑같을까?』 이미애 글, 한병호 그림, 보림, 2006

영아 책 11

『딸기는 빨개요』

뻬뜨르 호라체크 글·그림. 시공주니어. 2018

* **활 동 명** 과일아 나와라, 쓱싹!
* **활동대상** 만 2세
* **활동목표**
    - 다양한 과일의 색을 경험한다.
    - 물감을 이용한 미술 놀이에 즐겁게 참여한다.
* **활동자료** 그림책, 흰 도화지(흰색 크레용으로 과일들을 미리 그려 놓은 도화지), 물감, 물감통, 스펀지 롤러(또는 붓), 바나나(또는 딸기), 접시, 빵칼, 신문지, 가위, 색깔 고리, 펀치
* **활동방법**

1. '딸기' 동요를 부른다.

♬ 새빨간 딸기가 왔어요. 새빨간 딸기가 왔어요~

2. 그림책을 감상한다.

❶ 과일의 색과 이름을 강조하며 읽는다.

- 빨간색(V) 딸기!

❷ 과일을 먹는 상상놀이를 해 본다.

- 새콤달콤 빨간색 딸기 먹어 볼까요?

❸ 그림을 보고 과일의 특징을 묘사해 본다.

- (블루베리를 가리키며) 여기 파랗고 작은 동그라미가 많이 있네요.

3. 흰색 크레용으로 그린 밑그림 위에 물감을 칠해 본다.

- 여기에 과일 친구들이 숨어 있어요. 쓱싹쓱싹 칠해 볼까요?

4. 실제 과일의 냄새와 맛과 모양을 탐색한다.

- 노랗고 길쭉한 바나나예요. 어떤 냄새가 나나요? 살짝 눌러볼까요?

5. 색칠한 그림을 나란히 벽면에 전시한다.

6. 낱장 그림을 잘라 구멍을 뚫어 그림책 만들기를 한다.

- 우리가 색칠한 과일 그림으로 책을 만들어 볼까요?

7. 완성된 과일 그림책을 다 함께 감상하며 마무리한다.

수업메모

- 수업 중에 영아들이 색칠한 과일 그림이 마르지 않아 그림책 만들기가 힘들 수 있다. 그런 경우를 대비하여 교사가 수업 전에 미리 과일 그림책을 만들어 영아 수만큼 준비해 가져가는 것이 좋다.
- 과일 그림은 물감이 흐르지 않도록 물기를 정돈한 후 벽면에 붙여 전시한다. 그림 앞에서 영아와 어머니들이 기념 촬영을 해도 좋다.
- 현장에서 나눠 먹기 좋은 과일을 선택한다. (예: 바나나)

함께 보면 좋은 책

『냠냠냠 쪽쪽쪽』 문승연 글 · 그림, 길벗어린이, 2011
『우리 엄마인가요?』 이송은 글, 오정일 그림, 동심, 2008

영아 책 12

『컵』

수아현 글·그림. 시공주니어. 2021

* **활 동 명** 컵! 컵! 어떤 컵?

* **활동대상** 만 2세

* **활동목표**
  - 여러 가지 컵의 모양과 크기를 탐색한다.
  - 컵 쌓기 놀이를 즐겁게 한다.

* **활동자료** 그림책, 컵 교구(영아 수보다 넉넉히- 넓은 컵, 긴 컵, 작은 컵)

* **활동방법**

1. 손유희를 한다.

- 아이 더워~ 아이 목말라~ 무엇을 마실까요?
- 손으로 예쁜 컵을 만들어 볼까요?

2. 그림책을 감상한다.

❶ 컵의 크기와 모양을 살펴본다.

❷ 앞표지에 있는 컵의 모양과 쌓인 형태를 다시 한번 탐색한다.
- 책 속에 나왔던 컵들을 다시 한번 볼까요?

3. 컵으로 여러 가지 놀이를 한다.

❶ 익숙한 노래를 개사하여 부르며 컵의 모양을 탐색한다.

- (세 종류의 컵을 순서대로 놓으며) ♬ 넓은 컵, 넓은 컵~ 어떤 컵? 넓은 컵!

❷ 다양의 형태의 컵을 구분하여 찾아본다.

♬ 넓은 컵 넓은 컵 넓은 컵 찾아요!

❸ 컵을 두드리며 소리 내어 탐색한다.

- 컵을 두드려 볼까요?

❹ 컵 쌓기 놀이를 한다.

- 넓은 컵 위에 긴 컵!

❺ 컵의 형태를 구분하여 정리한다.

4. 활동을 회상하고 마무리한다.

수업메모

- 개사한 노래 활동 시 후렴구는 각각 다른 활동을 알리는 내용을 담아 노래한다.
  예) 찾기 놀이→ "찾아요" / 쌓기 놀이 → "쌓아요" / 컵 정리 → "모아요"

함께 보면 좋은 책

『컵? 컵!』 수아현 글 · 그림, 시공주니어, 2021

영아 책 **13**

『꼭 잡아!』

이혜경 글, 강근영 그림. 여우고개. 2024

*** 활 동 명** 초록 나뭇잎 꼭 잡아!

*** 활동대상** 만 2세

*** 활동목표**

- 초록 보자기의 다양한 변형에 관심을 가진다.
- 친구들과 함께 보자기 놀이에 즐겁게 참여한다.

*** 활동자료** 그림책, 초록색 망사 보자기(큰 보자기, 작은 보자기-영아 수만큼), 앵두나무 교구, 빨강 뽕뽕이, 바구니

*** 활동방법**

1. 익숙한 동요를 개사하여 노래를 부른다.

♬ 꼭 잡아 꼭 잡아 꼭 잡아요. 선생님 두 손을 꼭 잡아요~

2. 그림책을 감상한다.

❶ 표지를 탐색한다.

- 애벌레 친구들이 무엇을 꼭 잡고 있을까요?

❷ 동작을 함께 하며 책을 읽는다.

- 나뭇잎 우산 만들어 볼까요?

♬ 꼭 잡아 꼭 잡아 꼭 잡아요. 나뭇잎 우산을 꼭 잡아요.

3. 초록 보자기로 물체변형 놀이를 한다.

❶ 작은 초록 보자기로 개별 놀이를 한다.

- (보자기의 양쪽을 잡고 배처럼 움직이며) 나뭇잎 배 타 볼까요?
- 여기 빨간 앵두가 있네. 앵두를 어떻게 가져갈까요?

❷ 큰 초록 보자기 하나로 단체 놀이를 한다.

- (큰 초록 보자기를 펼치며) 커다란 나뭇잎이 우리한테 놀러 왔네요.

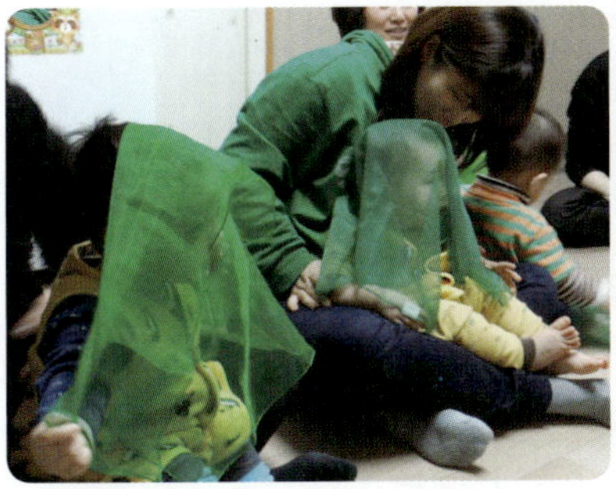

4. '꼭 잡아' 노래를 부르며 작별 인사를 한다.

♬ 꼭 잡아 꼭 잡아 꼭 잡아요. 선생님 손을 꼭 잡아요, 안녕~

수업메모

- 초록 보자기 놀이를 하기 전에 보자기를 탐색할 시간을 충분히 갖는 것이 좋다.

함께 보면 좋은 책

『분홍 보자기』 윤보원 글 · 그림, 창비, 2015

『보자기야 놀자』 이송은 글, 이혜영 그림, 동화가있는집, 2021

영아 책 **14**

『장화 신는 날』

이승범 글·그림. 북극곰. 2021

*** 활 동 명** 첨벙, 첨벙!

*** 활동대상** 만 2세

*** 활동목표**

- 비 오는 날의 모습에 관심을 가진다.
- 장화 신겨주기 놀이에 즐겁게 참여한다.
- 신체를 인식하고 제시된 상황에 맞춰 움직인다.

*** 활동자료** 그림책, 우산, 융판, '장화 신겨 주기' 교구(동물 컷, 펠트 장화), 물웅덩이(푸른색 매트)

*** 활동방법**

1. 노래를 부르며 손유희를 한다.

- (우산을 보이며) 이게 뭘까요? 우산은 언제 쓸까요?

♬ 오늘은 신나요. 비 오는 날이에요. 오늘은 신나요. 우산 쓰는 날이에요

2. 그림책을 감상한다.

❶ 이야기를 주고받으며 그림책을 감상한다.

- 비가 오네요. 어떡하죠? 예쁜 장화가 많이 있네요. ○○은 어떤 장화를 신고 싶나요?

❷ 장화의 수를 세어 본다.

- 거북이 하나! 장화 넷! 하나, 둘, 셋, 넷!

❸ 그림책의 내용을 몸으로 표현해 본다.

- 모두 신나게 물웅덩이에서 첨벙첨벙 놀고 있네요. 우리도 같이해 볼까요?

3. '장화 신겨주기' 놀이를 한다.

❶ 여러 동물을 만나 본다.

❷ 장화를 동물의 발에 신겨 준다.

4. '첨벙! 해님!' 놀이를 한다.

- (바닥에 물웅덩이 매트를 놓은 후) '첨벙' 하면 물웅덩이에 들어가고 '해님' 하면 밖으로 나오는 거예요.

♬ 오늘은 신나요, 비 오는 날이에요. 첨벙!

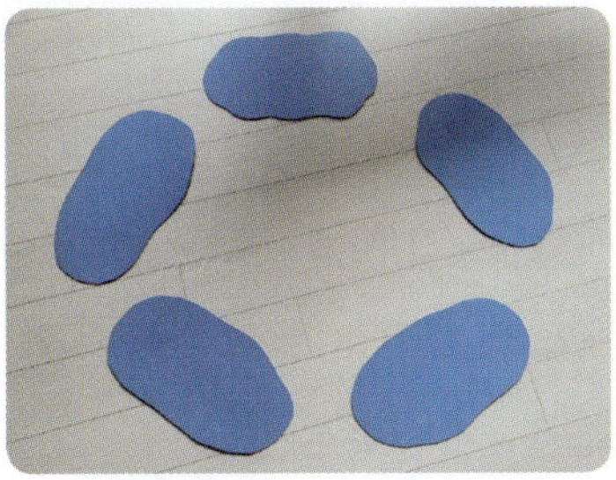

5. 노래를 부르며 활동을 마무리한다.

함께 보면 좋은 책

『노란 장화』 허정윤 글, 정진호 그림, 반달(킨더랜드), 2015

『비를 좋아하는 장화』 김난지 글, 조은비후 그림, 봄개울, 2020

영아 책 **15**

『와! 무지개다!』

문종훈 글·그림. 늘보의섬. 2023

* **활 동 명** 와! 무지개다!

* **활동대상** 만 2세

* **활동목표**
  - 무지개색에 관심을 가진다.
  - 색깔 매트 위에서 뛰는 신체 놀이를 즐긴다.

* **활동자료** 그림책, 빗소리 음원, 토끼 손가락 인형, 색깔 매트(무지개색-영아 수만큼), '구름 무지개 벽걸이' 만들기 재료(영아 수만큼-흰 도화지, 색지, 지끈), 풀

* **활동방법**

1. 빗소리를 탐색하며 토끼 인형과 인사를 나눈다.

- (빗소리를 들으며) 얘들아, 안녕? 무슨 소리일까?

2. 그림책을 감상한다.

- (차분한 어조로) 비가 내려요.
- (책 표지를 손으로 두드리며) 토도톡 토독 비가 내려요.
- (책 윗부분의 무지개를 가리키며) 와! 무지개다!
- 노래와 함께 그림책을 다시 볼까요?

♫ 빨~강 지~붕 아래서 주~황 당근 자라요 ...... 빨주노초파남보 무지개!

3. 노래 가사를 몸으로 표현해 본다.

- 손으로 지붕을 만들어 볼까요?

4. 노래에 맞춰 색깔 매트 콩콩 뛰기를 한다.

❶ 색깔 매트를 보며 무지개색을 탐색한다.

- 빨간색을 찾아볼까요?

❷ 색깔 매트를 한 줄로 놓고, 노래에 맞추어 콩콩 뛰어 본다.

5. '구름 무지개 벽걸이'를 만들어 본다.

6. 노래를 부르며 마무리한다.

수업메모

- 〈활동 2〉에서 그림책을 재감상할 때 익숙한 노래의 음률을 활용한다.

함께 보면 좋은 책

『무지개를 만난다면?』 김안나 글 · 그림, 창조와지식, 2021

『우산 놀이』 정희지 글 · 그림, 위즈덤하우스, 2024

영아 책 16

『빙빙 돌아라』

이상희 시·김효은 그림. 비룡소. 2012

* **활 동 명** 우리 아기 빙빙 돌아라!

* **활동대상** 만 2세

* **활동목표**
  - 놀이를 통해 '빙빙'이라는 말의 뜻을 이해한다.
  - '빙빙'을 표현한 신체 놀이에 즐겁게 참여한다.

* **활동자료** 그림책, 분홍 습자지 꽃잎, 곤충 잡기 놀이 교구(영아 수만큼-잠자리채, 곤충 스티커)

* **활동방법**

1. **엄마와 영아가 서로 양 손바닥을 맞대고 빙빙 돌리며 인사를 한다.**

♫ 빙빙 돌아라, 빙빙 돌아라. 엄마(아기) 없다. 까꿍! 있네.

2. 꽃잎이 떨어지는 모습을 관찰한다.

- 꽃잎이 빙-빙 돌며 떨어져요.

3. 그림책을 감상한다.

❶ 앞표지를 탐색한다.

❷ 운율을 살려 읽는다.

❸ 시 내용을 몸으로 표현하며 읽는다.

- 우리도 풍뎅이처럼 붕~ 하며 돌아 볼까요?

❹ 곤충이 빙빙 도는 것을 표현한 그림을 손으로 따라가며 읽는다.

4. 곤충들의 움직임을 몸으로 표현한다.

- 잠자리처럼 윙윙 돌아 볼까요?

5. 곤충 잡기 놀이를 한다.

- 저기, 풍뎅이가 앉았네요. 풍뎅이를 잠자리채로 빙빙 잡아 볼까요?
- 와~ 잡았다. 풍뎅이 스티커를 붙여 줄까요?

6. 함께 손을 잡고 '빙빙 돌아라' 노래에 맞춰 율동을 하며 마무리한다.

확장활동

활동 1 빙빙 잡았다

* **활동자료** 종이팽이, 곤충 스티커(풍뎅이, 나비, 잠자리)
* **활동방법**

1. 팽이에 곤충 스티커를 붙인다.

2. 팽이 놀이를 한다.

① 노래를 부르며 팽이를 돌린다.

② 돌고 있는 팽이를 손으로 눌러 정지하고 곤충을 확인한다.

수업메모

- 신체활동을 할 때 서로 부딪치지 않도록 유의한다.

함께 보면 좋은 책

『뛰어 보자 폴짝』 김주현 글, 석철원 그림, 웅진주니어, 2023

구슬비

영아 책 17

『구슬비』

권오순 글, 이준섭 그림. 문학동네. 2003

*** 활 동 명** 구슬비가 내려요

*** 활동대상** 만 2세

*** 활동목표**

- 물방울 모양과 움직임을 탐색한다.
- 물방울 도장 찍기를 즐겁게 한다.

*** 활동자료** 그림책, 달팽이 손가락 인형, 투명 PVC판(교사 및 영아용), 분무기(영아 수만큼), 동물 그림 컷(영아 수만큼), '구슬비 도장 찍기' 활동자료(영아 수만큼-활동지, 백업 도장, 파란색 및 하늘색 물감), 신문지, 수건, 물티슈

*** 활동방법**

1. 달팽이 인형과 인사를 나눈다.

- 안녕, 난 달팽이야. 난 비를 좋아해. 비가 왔으면 좋겠어.

2. 물방울의 모습과 움직임을 탐색한다.

❶ 분무기를 이용해 물방울이 작게 맺힌 모습을 탐색한다.

- (머리 위로 분무기의 물을 분사하며) ○○ 머리 위에 반짝반짝 구슬비가 내렸네요.

❷ 교사의 PVC판에 맺힌 물방울을 눈과 손으로 탐색한다.
- 창문에 송알송알 물방울이 맺혔네요.
- 대롱대롱 맺힌 물방울을 만져 볼까요?

❸ 영아용 PVC판에 분무기로 물을 분사하여 물 그림을 그리고, 동물 컷을 붙인다.

3. 그림책을 감상한다.

❶ 의태어를 강조하며 동작과 함께 읽는다.
- 조롱조롱 옥구슬을 만들어 볼까요?

❷ 노래를 부르며 그림책을 다시 한번 감상한다.

4. 율동과 함께 '구슬비' 노래를 불러 본다.

- 손가락으로 동그란 구슬비를 만들어 보세요.

5. 활동지에 구슬비 도장을 찍어 본다.

- 여기에 송알송알 구슬비를 찍어 볼까요?

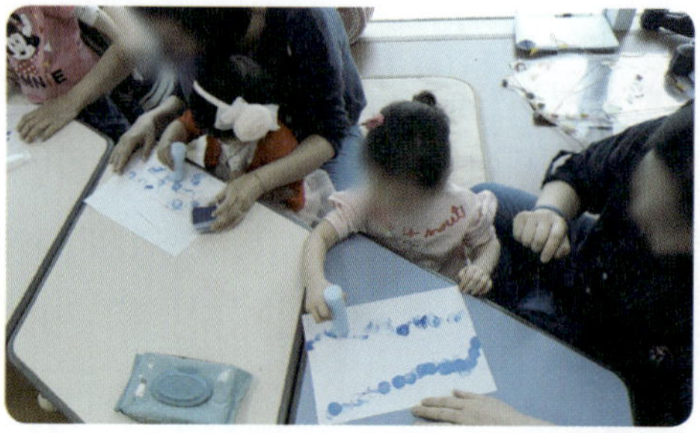

6. 구슬비 그림을 감상한다.

- 와! 우리 교실에도 구슬비가 내려요.
- 구슬비 노래를 다시 한번 불러 볼까요?

확장활동

활동 1 대롱대롱 왕구슬비 만들기(모-자 수업)

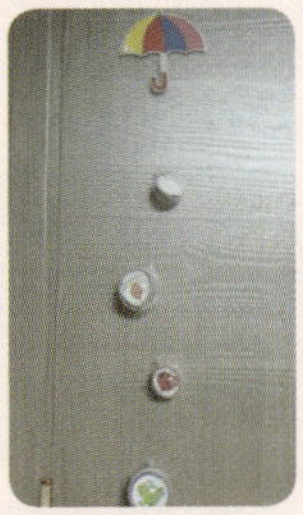

* **활동자료** 낚싯줄, 투명 캡슐 구, 동물 그림 컷, 사진(영아, 가족), 우산 그림 컷, 낚싯줄
* **활동방법**

1. **그림책에 나오는 동물 그림과 영아 및 가족사진을 캡슐 안에 넣고, 낚싯줄로 엮는다.**

수업메모

- 물을 분사할 때 바닥의 물기로 인해 영아들이 미끄러지지 않도록 유의한다.

함께 보면 좋은 책

『야, 비 온다』 이상교 글, 이성표 그림, 보림, 2022

뉴/스/토/리/텔/링/과

책/놀/이

제2장 유아를 위한 책놀이

1. 『뚱땅 목수 아저씨』
2. 『보자기야 놀자』
3. 『세모야 어디 가니?』
4. 『소리를 들어 보아요』
5. 『내가 찾는 냄새』
6. 『콩이 쑥쑥』
7. 『길어도 너무 긴』
8. 『알밤 소풍』
9. 『투둑 떨어진다』
10. 『고양이 팔레트』
11. 『그건 내 조끼야』
12. 『크릭터』
13. 『앵무새 열 마리』
14. 『분홍줄』
15. 『으쌰으쌰 당근』
16. 『튤립 호텔』
17. 『검피 아저씨의 뱃놀이』
18. 『고 녀석 맛있겠다』
19. 『내가 아빠를 얼마나 사랑하는지 아세요?』
20. 『휴지가 돌돌돌』
21. 『다람쥐는 모를 거야』
22. 『겨울이 왔어요』
23. 『메리 크리스마스, 늑대 아저씨!』
24. 『산타와 함께 춤을』
25. 『말랑말랑 물렁물렁』
26. 『신기한 씨앗 가게』
27. 『괜찮아 아저씨』
28. 『딩동거미』
29. 『똥방패』
30. 『봄봄 딸기』
31. 『빨강부채 파랑부채』
32. 『맛있는 동그라미』
33. 『원숭이 엉덩이는 빨개』
34. 『나뭇잎이 달아나요』
35. 『꼬마 단추 푸치』
36. 『봉구야, 목욕하자!』
37. 『아기 오리 열두 마리는 너무 많아!』
38. 『마녀 위니의 크리스마스 대소동』
39. 『자꾸자꾸 초인종이 울리네』
40. 『이야기 이야기』
41. 『크리스마스 선물』
42. 『몽글몽글 따끔따끔』

유아 책 1

『뚱땅 목수 아저씨』

이송은 글, 이해영 그림. 동심. 2008

* **활 동 명** 재미있는 우리 집

* **활동대상** 만 3세

* **활동목표**
  - 집에서 나는 다양한 소리에 관심을 가진다.
  - 집 안에 있는 여러 공간의 기능을 놀이로 경험한다.

* **활동자료** 그림책, 집 안에서 나는 소리 음향(예: 변기 물 내리는 소리), 동요 음원('뚱땅 목수 아저씨'), 장소 그림(방, 창문, 화장실, 부엌, 거실), 색 동줄

* **활동방법**

1. 집 안에서 나는 소리를 음향으로 알아본다.

- (변기 물 내리는 소리를 듣고) 무슨 소리일까요? 어디서 나는 소리일까요?

2. 그림책을 감상한다.

❶ 그림책 표지를 탐색한다.

- 여기 수염이 덥수룩한 아저씨가 있어요. 안녕하세요. 나는 빨리빨리 집을 짓는 뚱땅 목수랍니다. 멋진 집 구경하러 오세요.

❷ '뚱땅 목수 아저씨' 동요를 부르며 손유희를 한다.

♬ 뚱땅뚱땅 얼렁뚱땅 뚱땅 아저씨 집을 지어요. 얼렁뚱땅!

❸ 그림책 속에 있는 플랩을 열어 보며 그림책을 감상한다.

❹ 반복되는 구절을 강조하며 함께 읽어 본다.

3. 음향을 듣고 소리가 나는 장소를 그림에서 찾아본다.

- 어디서 나는 소리일까요?

4. 기차놀이를 하며 그림책에 소개된 장소를 찾아가 상상놀이를 해 본다.

♬ 어디까지 왔나? 방까지 왔다. 우리 방에서 무엇을 했었나요? 우리 모두 잠을 자 볼까요?

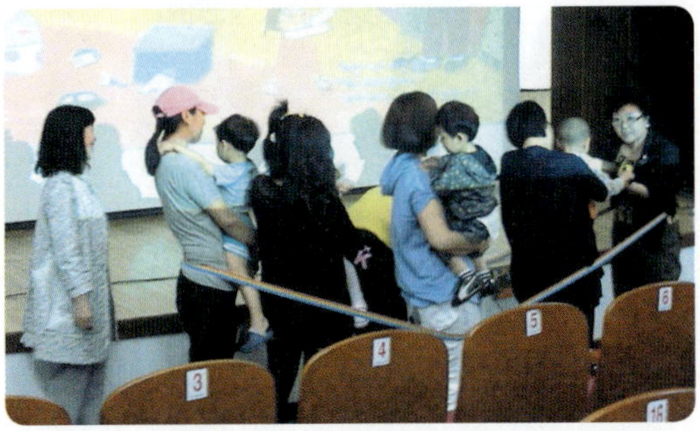

5. 수업 현장에서 나는 소리를 탐색해 본다.

- 이 방에는 어떤 소리가 숨어 있을까요?

6. 활동을 회상하고 가정에서의 연계 활동을 제안한다.

- 우리 집에는 어떤 소리가 더 숨어 있는지 찾아볼까요?

확장활동

활동 1 그림책으로 집짓기

* **활동자료** 그림책(1인당 3~4권)
* **활동방법**

1. **그림책을 세워 본다.**
   - (책 한 권을 'ㄱ' 자로 세우고 위에 한 권을 올려놓으며) 와! 집이다. 책으로 집을 지어 볼까요?
2. **책으로 지은 집을 이용해 가상놀이를 한다.**
   - (유아가 지은 집으로 다가가) 똑똑, 여기는 누구네 집인가요?

수업메모

- 24개월 미만일 때는 두 곳 정도에서 찾아보고, 월령이 증가할수록 여러 개로 늘린다.
- 책으로 집 짓기는 책과 친해지게 할 뿐만 아니라 넓이, 대소, 높낮이 등 여러 가지 인지적 요소들을 경험하게 한다. 영아기뿐만 아니라 유아기, 초등 아동들도 확장하여 즐길 수 있다. 책이 바로 놀잇감이 되는 체험은 책에 대한 인식의 폭을 넓혀 준다.
- 동요 음원('뚱땅 목수 아저씨') 문의
  동화가있는집 연구소 www.leestoryhouse.com ☎ 02-2632-1582

함께 보면 좋은 책

『아기 돼지 삼 형제』 에드 브라이언 글 · 그림, 박종석 옮김, 사파리, 2021

유아 책 2

『보자기야 놀자』

이송은 글, 이해영 그림. 동화가있는집. 2021

* **활 동 명** 보자기 놀이

* **활동대상** 만 3세

* **활동목표**
  - 보자기의 다양한 변형에 관심을 가진다.
  - 보자기 놀이에 즐겁게 참여한다.

* **활동자료** 그림책, 보자기(유아 수만큼), 동요 음원('보자기야 놀자')

* **활동방법**

1. 주머니 속의 보자기를 손으로 조금씩 당기며 보자기 탐색을 해 본다.

- 오늘 친구가 놀러 왔어요. 어떤 친구일까요?
- 이 보자기는 여러 가지 모양으로 변신하는 요술 보자기래요.

2. 그림책의 내용을 보자기 동화로 감상한다.

❶ '보자기야 놀자' 노래와 함께 보자기 동화를 감상한다.

♫ 요술 마술 보자기 빨간 보자기, 알쏭달쏭 보자기 무엇이 될까? ~

❷ 보자기가 변형하는 모습을 관찰하고 무슨 모양인지 말해 본다.

- (세모로 접은 보자기를 보여 주며) 냠냠냠, 아이 맛있어! 이게 뭘까요?

3. 보자기 변형 놀이를 한다.

❶ 동화 속에 나왔던 모양을 함께 만들어 본다.

❷ 보자기로 여러 가지 모양을 자유롭게 만들어 본다.

❸ 보자기로 빨래 놀이하며 정리한다.

4. 보자기를 여러 개 연결하여 협동 놀이를 한다.

- (연결한 보자기를 보여 주며) 무엇이 되었나요?

5. 그림책으로 이야기를 다시 감상한다.

- 우리가 보자기로 해 본 놀이가 책 속에 있어요. 함께 볼까요?

6. 보자기 놀이를 회상하고 정리한다.

수업메모

- 영아인 경우 보자기는 선명한 색상의 비치는 소재가 좋다.
- 영아인 경우는 까꿍, 뒤집어쓰기, 턱받이, 포대기, 이불 놀이가 보편적이다. 유아는 샌드위치 접기와 치마, 김밥 등 책에 나오지 않은 것들을 시도해 볼 수 있다.
- 보자기 변형놀이 시 또래의 보자기 표현을 감상할 기회를 갖는다.
- 동요 음원('보자기야 놀자') 문의
  동화가있는집 연구소 www.leestoryhouse.com ☎ 02-2632-1582

함께 보면 좋은 책

『분홍 보자기』 윤보원 글 · 그림, 창비, 2015

유아 책 **3**

『세모야 어디 가니?』

이송은 글, 전효훈 그림. 동심. 2010

＊활 동 명 세모로 만들어요

＊활동대상 만 3세

＊활동목표

- 세모 컷을 이용한 여러 가지 모양 변화를 탐색하고 만들기를 즐긴다.
- 하나부터 다섯까지의 수를 세어 본다.

＊활동자료 그림책, 융판 동화 자료(교사 및 유아용-유아 수만큼)

＊활동방법

1. 세모의 모양을 탐색하고 이름의 의미를 알아본다.

- 안녕? 난 세모야. 내 이름이 왜 세모인지 아니? 요렇게 뾰족뾰족한 게 하나, 둘, 셋! 세 개 있어. 그래서 내 이름이 세모야.

2. 융판 동화를 감상한다.

❶ 반복되는 문장은 함께 말해 본다.

- 세모가 여행을 간대요. 우리 "세모야, 어디 가니?" 물어볼까요?

❷ 세모 컷으로 구성된 여러 가지 형태를 보며 무엇인지 맞혀 본다.

❸ 장면에 맞는 동요를 함께 부른다.

3. 그림책으로 동화를 다시 감상한다.

- 세모 몇 개가 모여 집이 되는지 세어 볼까요?

4. 개별용 세모 교구로 책 속에 나왔던 모양을 만들어 본다.

- 노란 세모 두 개로 나비를 만들어 볼까요?

5. 세모 컷으로 여러 가지 모양을 자유롭게 만들어 본다.

6. 활동을 회상하며 평가한다.

- 세모로 여러 모양을 만들어 봤는데 가장 기억에 남는 모양은 무엇인가요?

확장활동

활동 1 커다란 세모로 만들어요

* **활동자료** 대형 칼라 밴드(또는 팬티스타킹)
* **활동방법**

1. 보조 교사 또는 학부모의 도움을 받아 칼라 밴드로 큰 세모를 만들어 본다.
2. 그림책에 소개된 모양을 차례로 만들어 본다.

수업메모

- 만 2세는 동화 내용 개별 만들기의 경우 나비, 물고기, 별 정도까지 만들 수 있으며, 보호자와 함께 하는 수업인 경우 비행기와 집도 만들어 볼 수 있다. 이때 '물고기', '집' 등이 책의 모양과 다르더라도 그대로 수용해 준다.
- 만 3세의 경우 비행기 만들기를 어려워할 경우 교사가 시범을 보여 준다.
- 동요 음원('세모야 어디 가니?') 문의
  동화가있는집 연구소 www.leestoryhouse.com ☎ 02-2632-1582

함께 보면 좋은 책

『아기 세모의 세 번째 생일』 필립 세들레츠스키 글 · 그림, 최윤정 옮김, 파랑새, 2012
『모양나라 여왕의 생일잔치』 이송은 글, 이소현 그림, 국민서관, 2016

유아 책 4

『소리를 들어 보아요』

이송은 글, 최연희 그림. 동화가있는집. 2024

* **활 동 명** 소리를 들어 보아요

* **활동대상** 만 3세

* **활동목표**
  - 물체 크기에 따른 소리의 변화를 탐색한다.
  - 여러 가지 재질의 소품으로 다양한 소리를 만들어 본다.

* **활동자료** 그림책, 다양한 일상 소품(냄비 뚜껑, 깡통, 페트병, 컵 등을 크기별로 준비), 소고채(유아 수만큼)

* **활동방법**

1. 그림책을 감상한다.

❶ 표지를 탐색한다.

- (앞표지를 보이며) 친구가 안녕~ 인사하고 있네요. 누구에게 인사하는 걸까요?

❷ 책을 소리 교구 및 놀잇감으로 활용하며 책을 읽는다.

- (그림책을 두드리며) 두두두두 와! 비 온다.

❸ 큰 소리, 작은 소리를 말과 함께 몸으로 표현해 본다.

- 아빠 돌은 풍덩, 아가 돌은 퐁당!

2. 내러티브 판토마임으로 큰 소리, 작은 소리를 표현해 본다.

- 어느 날 아빠랑 아가가 소풍을 갔어요. 아빠는 성큼성큼, 아가는 아장아장!

3. 크기가 다른 생활 소품의 소리를 탐색한다.

- (페트병을 두드리며) 큰 물병 소리는 둥둥둥! 작은 물병 소리는 동동동!

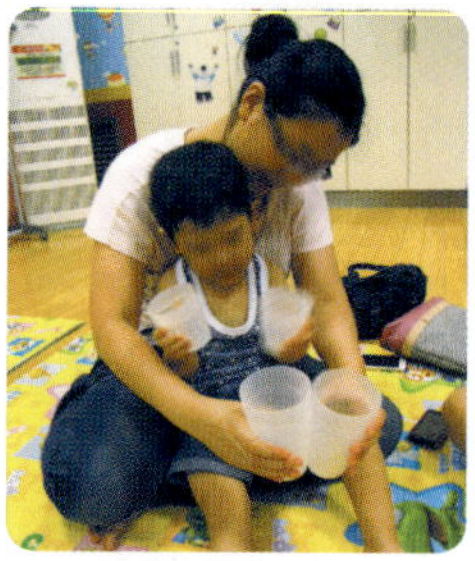

4. 아빠 팀, 아가 팀으로 나눠서 노래에 맞춰 페트병(냄비 뚜껑, 깡통 등)을 두드려 본다.

♬ 곰 세 마리가 한집에 있어. 아빠 곰, 아빠 팀 두드려 주세요. (둥둥둥~)

5. 활동을 회상하고 평가한다.

- 오늘 여러 가지 소리를 들어봤는데 어떤 소리가 재미있었나요?

확장활동

활동 1 우산을 만들어요

* **활동자료** 투명 비닐우산, 분무기, 천막 천, 유성 매직, 접착 시트
* **활동방법**

1. 비닐우산과 물방울을 탐색한다.
   - (비닐우산 위로 분무기를 분사하며) 와, 빗방울이 또르르~ 떨어지네요.
2. 우산 꾸미기를 한다.
3. 교사(또는 엄마)와 함께 분무기로 물을 분사해 본다.

수업메모

- 교사는 설명하고 유아들은 그 말처럼 움직이는 활동 기법을 내러티브 판토마임(narrative pantomime)이라고 한다.
- 영아의 경우는 소리 탐색하기 활동 시 두 개 정도를 비교하는 것이 좋다.
- 소리 크기를 변별하려면, 한 번에 동일한 재질로만 두드려 봐야 한다.
- 우산에 물 뿌리는 활동 시 유아가 미끄러지지 않도록 유의한다.

함께 보면 좋은 책

『둥둥 북을 쳐요』 다섯수레 글, 조혜란 그림, 다섯수레, 2009

『야, 비 온다』 이상교 글, 이성표 그림, 보림, 2022

유아 책 5

『내가 찾는 냄새』

이선영 글, 정성화 그림. 동심. 2009

* **활 동 명** 냄새를 찾아요

* **활동대상** 만 3세

* **활동목표**

- 다양한 냄새에 관심을 가진다.
- 노래 가사를 신체로 자유롭게 표현한다.

* **활동자료** 그림책, 동요 음원('내가 찾는 냄새'), 상자, 냄새 탐색용 재료(과일, 멸치, 참깨, 꽃, 즉석밥 등)

* **활동방법**

1. 상자 속에 있는 사물의 냄새를 탐색한다.

- 비밀 상자 안에 무엇이 들어있을까요?
- (비밀 상자에 손을 넣어 만져 본 후) 느낌이 어떤가요? 무엇일까요?
- 냄새를 맡아볼까요? 어떤 냄새가 나나요?

2. 그림책을 감상한다.

❶ 책 속의 냄새를 탐색한다.

- 이 책 속에 여러 가지 냄새들이 숨어 있대요.
- 책 속에 숨어 있는 냄새들을 잘 찾으려면 코 운동이 필요해요. 같이 해볼까요? 벌름벌름 / 흠흠 킁킁 / 동화 속으로 킁.

- (소나무 그림 부분을 문지르며) 냄새를 맡아 볼까요? 시원한 소나무 냄새네요.

❷ '내가 찾는 냄새' 동요를 감상하며 노래를 익힌다.

3. 노래 가사를 신체로 표현해 본다.

- '흠흠 킁킁' 냄새 맡는 것은 어떻게 표현할까요?

4. 활동을 회상하고 평가한다.

- 오늘 어떤 냄새들을 맡아보았나요?
- 우리도 훨씬 훨씬 더 좋은 냄새를 찾아볼까요?

확장활동

활동 1 장미꽃잎 손수건 만들기

* **활동자료** 장미꽃잎과 잎사귀, 거즈 손수건, 풀뚜껑, OHP필름, 신문지
* **활동방법**

1. 장미꽃잎과 잎사귀의 냄새를 맡아 본다.
2. 테이블에 신문지를 깔고, 손수건 한쪽에 장미꽃잎을 놓고 반쪽을 덮는다.
3. 손수건 위에 OHP필름을 깔고 풀뚜껑으로 문질러 손수건을 물들인다.
4. 물들인 손수건의 냄새를 맡아 본다.

수업메모

- 비밀 냄새 상자는 속이 보이지 않게 만든다.
- 후각은 신생아기에 이미 발달된 감각이며, 우리말에는 맛과 후각에 관한 감각 어휘가 많다. 냄새를 맡을 때 이런 감각 어휘를 풍부하게 활용하여 묘사해 주는 것이 좋다.
- 동요 음원('내가 찾는 냄새') 문의
  동화가있는집 연구소 www.leestoryhouse.com ☎ 02-2632-1582

함께 보면 좋은 책

『안아 줘!』 제즈 앨버로우 글 · 그림, 웅진닷컴, 2009
『나도 안아줘』 다케시타 후미코 글, 다나카 기요 그림, 김숙 옮김, 북뱅크, 2010

유아 책 6

『콩이 쑥쑥』

유다정, 윤아해, 보린 글, 한태희 그림. 사파리. 2012

* **활 동 명** 콩이 쑥쑥

* **활동대상** 만 3세

* **활동목표**
  - 콩의 성장 과정에 관심을 가진다.
  - 콩의 성장 과정을 신체로 자유롭게 표현한다.

* **활동자료** 그림책, 콩 교구, 삶은 완두콩, 작은 그릇, 수저, '콩 성장 자' 만들기 재료 (유아 수만큼-콩 그림 컷, 펠트, 접착 펠트, 손 코팅 필름, 양면테이프)

* **활동방법**

1. 콩 교구를 탐색한다.

- (콩 교구를 보이며) 이 안에 무엇이 들어있을까요?
- 안녕, 난 콩이야. 내가 어떻게 자라는지 아니?

2. 그림책을 감상한다.

❶ 표지를 탐색한다.

- 여기 콩꼬투리에서 콩이 떨어지네. 누가 잡았을까요?

❷ 그림을 보며 이야기 나눈다.

- 콩이 하나밖에 없네요. 어떡하지?
- 어떤 말을 해 주면 잘 자랄까요?

3. 콩의 성장 과정을 신체로 표현해 본다.

♫ 꼭꼭꼭 씨를 뿌렸네. 뾰족뾰족 싹이 났어요.......

4. 삶은 완두콩을 탐색하고 맛본다.

- 완두콩은 무슨 색인가요? 어떤 맛일까요?

5. '콩 성장 자'를 만들어 키를 재어 본다.

❶ '콩 성장 자'를 만들어 본다.

- 이 콩처럼 친구들도 사랑을 먹으면 무럭무럭 자란대요.
- 우리 친구들의 키를 재보는 자를 만들어 볼까요?

❷ '콩 성장 자'를 이용하여 유아들끼리 키를 재어 보고 비교해 본다.

6. 활동을 회상하며 평가한다.

- 콩이 자라는 모습을 몸으로 표현해 보았는데, 어떤 동작이 가장 재미있었나요?

확장활동

활동 1 '콩 주세요' 극놀이

* 활동자료 마스킹테이프
* 활동방법

1. **극놀이를 위한 공간을 탐색한다.**
   - (바닥에 마스킹테이프를 붙여 놓고) 저기 커다란 밭이 있어요.
2. **교사의 내레이션에 따라 콩의 성장 과정을 몸으로 표현해 본다.**
   - 모두 콩으로 변신해서 데굴데굴 굴러 커다란 밭으로 들어갈 거예요.

   ♬ 나는 콩. 나는 콩. 동글동글해서 떼구루루 구르다가 커다란 밭으로 들어갔었지.
   동글동글 토실토실 아주 좋은 콩들이군. 콩을 심어 볼까?

수업메모

- '콩 성장 자' 만들기를 할 때 색 찾기 놀이를 병행할 수 있다.

함께 보면 좋은 책

『콩』 히라야마 카주코 글·그림, 엄기원 옮김, 홍은희 감수, 한림출판사, 2003

『다 콩이야』 보리 글, 정지윤 그림, 보리, 2021

유아 책 7

『길어도 너무 긴』

강정연 글, 릴리아 그림. 길벗어린이. 2021

* **활 동 명** 코끼리 코인 줄도 모르고

* **활동대상** 만 3세

* **활동목표**
  - 1부터 10까지의 수를 세어 본다.
  - 노래 부르기에 즐겁게 참여한다.

* **활동자료** 그림책, 코끼리 교구(얼굴 컷, 코 조각 펠트-유아 수만큼), 활동지(유아 수만큼), 동물 그림 스티커(대 · 소-유아 수만큼)

* **활동방법**

1. 코끼리 교구로 코를 길게 이어 본다.

- 코끼리 코가 왜 이리 짧지? 코를 길게 만들어 줄까요?
- 얼마나 길어졌나 볼까요? 그런데 길어도 너무 긴데? 그래도 코끼리는 마음에 드나 봐요.

2. 그림책을 감상한다.

❶ 상황 설명을 곁들이며 읽는다.

- 코가 길~어져서 기분이 좋은 코끼리는 숲에서 낮잠을 자고 있어요.

❷ 그림책 내용을 익숙한 동요의 곡조에 맞춰 노래로 부른다.

♬ 코끼리 코인 줄도 모르고 ○마리 앉았네.

3. 동물 스티커를 순서대로 코끼리 교구에 붙이고 수 세기를 한다.

♬ 코끼리 코인 줄도 모르고 곰이 앉았네.

♬ 코끼리 코인 줄도 모르고 열 마리가 앉았네.

4. 활동지에 제시된 숫자를 보고 동물 스티커를 붙인다.

5. 활동을 회상하고 평가한다.

- 오늘 함께 온 친구들이 모두 몇 명인지 세어 볼까요?

확장활동

활동 1 코끼리 타기

* **활동자료** 코끼리 바디펠로우
* **활동방법**

1. 노래에 맞추어 코끼리에 순서대로 탄다.
2. 유아들이 앉으면 코끼리를 끌어 준다.
   - 몇 명이 탔는지 세어 볼까요?

   ♬ 코끼리인 줄도 모르고 ○명이 앉았네.

수업메모

- 코끼리 바디펠로우에 타기 놀이를 할 때 안전을 위해 인원수를 제한한다.
- 바디펠로우를 끌어줄 때 유아가 뒤로 넘어지지 않도록 주의한다.

함께 보면 좋은 책

『맛있는 수 놀이』 안은영 글 · 그림, 천개의바람, 2018

알밤 소풍

유아 책 8

『알밤 소풍』

김지안 글 · 그림. JEI재능교육. 2017

* **활 동 명** 알밤 소풍을 가요!

* **활동대상** 만 3세

* **활동목표**
  - 계절의 변화에 관심을 가진다.
  - 그림책 이야기를 통해 상상놀이 및 신체놀이를 즐긴다.

* **활동자료** 그림책, 동요 음원('알록달록 단풍잎'), '알밤 모자' 만들기 재료(유아 수만큼-종이 모자, 검정스티커), 신문지 막대, 다람쥐 홀 교구, 알밤 실물

* **활동방법**

1. '알록달록 단풍잎' 동요를 부르며 손유희를 한다.

- 가을이 되면 알록달록 무엇을 볼 수 있나요?

♬ 랄라랄라 랄라랄라 랄라랄라~~ 떨어지는 단풍잎~

2. 그림책을 감상한다.

❶ 앞표지와 뒤표지를 탐색한다.

- 누구의 뒷모습일까요?

❷ 움직임을 곁들여 읽는다.

- (팔을 흔들며) 알밤! 알밤! 알밤!

❸ 문제 해결 방법에 대해 이야기를 나눈다.

- 다람쥐들이 어떻게 하면 알밤을 딸 수 있을까요?

3. 알밤 모자를 꾸민다.

- 알밤 모자를 꾸며 볼까요?

4. 알밤 따기 상상 놀이를 한다.

- 숲속으로 알밤을 찾으러 떠나 볼까요?
- 우와~ 밤나무가 많아요. 밤을 어떻게 딸 수 있을까요?

5. 알밤 치기 놀이를 한다.

- 바닥에 떨어진 알밤을 다람쥐에게 보내 줄까요?

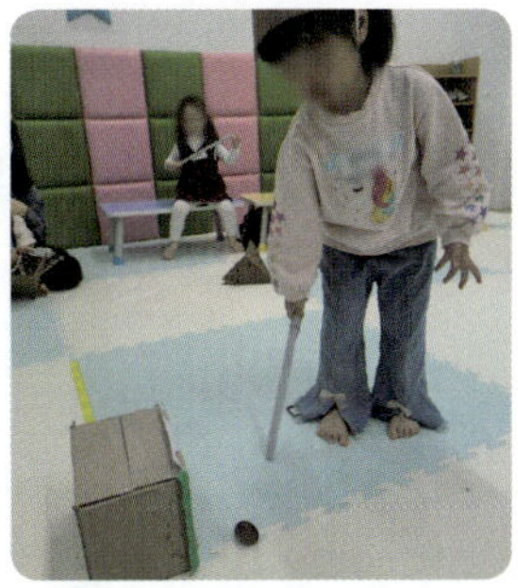

6. 활동을 회상하고 느낌을 나눈다.

- 알밤 소풍 놀이를 해 보았는데 무엇이 가장 재미있었나요?

수업메모

- 신문지 막대를 사용할 때 유아들이 함부로 휘두르지 않도록 유의한다.

함께 보면 좋은 책

『구라와 구리의 소풍』 나카가와 리에쿠 글, 야마와키 유리코 그림, 고광미 옮김, 한림출판사, 2000

『가을 열매는 맛있어』 이명숙 글 · 이정주 그림, 엔이키즈, 2015

유아 책 9

투둑 떨어진다

『투둑 떨어진다』

심조원 글, 김시영 그림. 웅진주니어. 2009

* **활 동 명** 투둑 떨어지네

* **활동대상** 만 3세

* **활동목표**
  - 가을에 볼 수 있는 열매에 관심을 가진다.
  - 가을 열매가 떨어지는 모습을 놀이로 경험한다.

* **활동자료** 그림책, 낚싯줄 교구, '열매 줍기' 활동 교구(융판, 바구니 컷, 열매 컷-감, 밤, 호두, 사과), '사과나무' 활동 교구(유아 수만큼-나무, 사과 열매 5개, 보들이, 까끌이, 갈색 접착 펠트)

* **활동방법**

1. 낚싯줄 교구로 이야기를 감상한다.

- 둥글둥글 감이 엄마에게 물었어요.
  "엄마 내려가도 돼요?" ......

2. 그림책을 감상한다.

❶ 표지를 탐색한다.
- 투둑 떨어진다? 무엇이 떨어질 것 같나요?

❷ 뒷이야기를 추측해 본다.
- 그 옆에 있는 감이… 어떻게 됐을까요?

3. '열매 줍기' 놀이를 한다.

- (융판에 열매들을 올려놓고 떨어뜨리며) 열매들이 또 떨어졌네요. 친구들이 열매 좀 주워 줄래요?
- 어떤 열매를 주웠어요? 바구니에 담아 볼까요?.

♫ 감은 어디 있나? 감 바구니에 담아 주세요.

- 열매가 몇 개인지 세어 볼까요?

4. '투둑 떨어져요' 놀이를 한다.

- (사과나무 활동 교구를 보여 주며) 사과가 몇 개 떨어졌는지 세어 볼까요?

5. 활동을 회상하고 평가한다.

- 가을에 먹을 수 있는 열매들은 무엇이 있었나요?
- 떨어질 때 어떤 소리가 났어요?

수업메모

- 위에서 아래로 사물이 떨어지는 것을 보여 주기에는 낚싯줄 동화로 이야기를 들려주는 것이 효과적이다. 떨어지는 사물은 하나에서 다섯까지 늘려가며 보여 줌으로써 수 세기에도 도움을 줄 수 있다.
- 교사(또는 양육자)가 다리 미끄럼틀을 만들고 유아는 열매가 되어 미끄럼틀을 타며 떨어지는 놀이를 할 수 있다.
- 상황에 따라 실제 사과를 탐색하는 활동을 추가해도 좋다.

함께 보면 좋은 책

『가을 숲 도토리 소리』 우종영 글, 하영 그림, 파란자전거, 2013

『낙엽이 속닥속닥』 한태희 글 · 그림, 예림당, 2013

유아 책 **10**

『고양이 팔레트』

제인 커브레라 글·그림. 김향금 옮김. 보림. 2019

*** 활 동 명** 내가 제일 좋아하는 색깔은?

*** 활동대상** 만 3세

*** 활동목표**

- 여러 가지 색에 관심을 가진다.
- 내가 좋아하는 색을 말해 본다.

*** 활동자료** 그림책, '상상 색칠하기' 활동 교구(그림 카드 10장, 붓), '옷 갈아입히기' 활동 교구[유아 수만큼-캐릭터 컷, 펠트 색깔 카드(빨강, 주황, 노랑, 초록, 파랑, 보라)]

*** 활동방법**

1. **유아가 입은 옷의 색을 탐색한다.**

   - 누가 사과처럼 빨간색 옷을 입었을까요?

2. **그림책을 감상한다.**

   ❶ 앞표지를 보며 그림책 주인공을 만나 본다.

   - 야옹~ 친구들 안녕! 내가 좋아하는 색이 무엇인지 아니?

   ❷ 면지를 탐색한다.

❸ 그림을 보며 이야기를 주고받는다.

- (야옹이) 내가 좋아하는 색이 무엇인지 아니? (유아) *초록색?*
  (야옹이) 음~ 나도 풀밭을 살금살금 돌아다니기 좋아하지.

3. 상상으로 색칠하기 놀이를 하며 책 속의 여러 가지 색을 만나본다.

- 우리 친구들이 마법의 붓으로 쓱싹쓱싹 색칠해 볼까요?

4. '옷 갈아입히기' 놀이를 한다.

❶ 색깔 카드를 탐색한다.

❷ 색깔 카드를 끼워 옷을 갈아입힌다.

5. 활동을 회상하며 평가한다.

- 내가 좋아하는 색은 무엇인지 말해 볼까요?

수업메모

- 색의 명칭을 소개할 때 자연물의 색을 먼저 말하고 옷의 색을 말한다.
  예) 개구리 같은 초록색

함께 보면 좋은 책

『나비야 다 모여!』 석철원 글 · 그림, 여유당, 2024

『알록달록 색』 율사 예멘 글, 차루 오다바시 그림, 서남희 옮김, 스푼북, 2024

유아 책 11

『그건 내 조끼야』

나카에 요시오 글, 우에노 노리코 그림. 박상희 옮김. 비룡소. 2008

* **활 동 명** 주욱! 늘어나요

* **활동대상** 만 4세

* **활동목표**

- 다양한 재질의 옷과 양말의 늘어나는 성질을 탐색한다.
- 반복되는 문장을 굵기, 속도, 높이에 변화를 주어 말한다.

* **활동자료** 그림책, 유아용 조끼, 등장인물 그림 컷, 스타킹(유아 수만큼), 잔잔한 음악 음원

* **활동방법**

1. 작은 조끼를 입어 보며 '끼다'의 의미를 알아본다.

- (작은 조끼를 보이며) 조끼를 선생님이 입으면 어떻게 될까요?
- 조금 끼나?

2. 그림책을 감상한다.

❶ 반복되는 부분을 강조하며 함께 읽는다.

- 정말 멋진 조끼다. 나도 한번 입어 보자. 그래. 조금 끼나?

❷ 등장인물의 기분을 반영하여 읽는다.

- 생쥐 표정을 볼까요? 기분이 어떤 것 같아요?

❸ 소리의 여러 가지 요소를 달리하며 함께 읽는다.

- 말처럼 빨리 말해 볼까요?

3. 등장인물 그림 컷을 키 순서대로 놓아 본다.

4. 옷과 양말의 늘어나는 성질을 탐색한다.

- 우리가 입고 있는 옷(티셔츠, 바지, 양말)도 당겨 볼까요?

5. 스타킹을 탐색하고 음악에 맞춰 움직여 본다.

- (스타킹을 하나씩 나누어 주고) 스타킹을 쭉쭉 당겨 볼까요?
- (원형으로 묶은 스타킹을 제시하며) 다 함께 잡아 볼까요?

6. 원형으로 묶은 스타킹으로 소그룹 협동 조형을 해 본다.

7. 활동을 회상하고 평가한다.

- 오늘 몸을 움직여 놀이해 보았는데, 팔과 다리를 두드려 보아요. 팔도 토닥토닥, 다리도 토닥토닥!
- 오늘 책을 읽을 때 반복되는 말을 다양한 방법으로 말해 보았는데 느낌이 어땠나요?

수업메모

- 등장인물 차례대로 나열하기를 할 때, 연령이 어릴 경우에는 크기 차이가 확연하게 대비되는 네 개 정도를 제시하도록 한다.
- 이 그림책은 단순한 글과 그림으로 되어 있으나, 읽기 방법과 활동의 확장 정도에 따라 유아와 폭넓은 책놀이를 할 수 있다. [예: 소재의 늘어나는 성질 탐색하기, '끼다'의 개념, 구어의 여러 가지 소리 요소 체험(굵기, 높이, 빠르기, 정서 표현), 스타킹 체조와 조형 등]

함께 보면 좋은 책

『빨강 부채 파랑 부채』 동화가 있는 집 글, 민경숙 그림, 국민서관, 2016

유아 책 12

『크릭터』

토미 웅게러 글·그림. 장미란 옮김. 시공주니어. 2017

*** 활 동 명** 크릭터야 놀자

*** 활동대상** 만 4세

*** 활동목표**

- 그림책 이야기를 관심 있게 듣는다.
- 백업 교구의 다양한 모양 변화에 관심을 가지고 변형 놀이를 즐긴다.

*** 활동자료** 그림책, 백업으로 만든 크릭터 교구(유아 수만큼)

*** 활동방법**

1. 그림책 표지를 탐색한다.

- '크릭터'가 무엇일까요?

2. 그림책을 감상한다.

❶ 대사를 첨가하여 생동감 있게 읽는다.

❷ 그림을 부분적으로 가리고 다음 장면을 예측해 본다.

- 상자 안에 무엇이 들었을까요?

❸ 비슷한 두 장면을 비교하며 이야기를 나눈다.

- 여기는 왜 목줄이 없을까요?

3. 그림책 내용을 회상하며 이야기 나눈다.

- 크릭터는 무엇으로 변신했나요?
- 크릭터와 어떤 놀이를 하고 싶나요?

4. 백업으로 만든 크릭터 교구로 여러 가지 모양을 만들어 본다.

❶ 크릭터 교구를 탐색하고 여러 가지 변형 놀이를 한다.

♬ 크릭터 크릭터 무엇이 될까?

❷ 크릭터 교구로 협동 조형을 해 본다.

- 크릭터가 여러 개 모이면 무엇을 만들 수 있을까요?

5. 활동을 회상하고 마무리한다.

- 크릭터로 다양한 놀이를 해 보았는데 무엇이 재미있었나요?
- 뱀에 대한 이전 생각과 크릭터에 대한 느낌이 다른 것이 있나요?

수업메모

- 유아들이 변형 놀이를 어려워할 경우 그림책 속에 나온 내용을 보여 주거나, 교사가 힌트를 줄 수도 있다.

함께 보면 좋은 책

『빨간 끈으로 머리를 묶은 사자』 남주현 글 · 그림, 길벗어린이, 2011

유아 책 13

『앵무새 열 마리』

퀀틴 블레이크 글·그림. 장혜린 옮김. 시공주니어. 2017

*** 활 동 명** 앵무새를 찾아라!

*** 활동대상** 만 4세

*** 활동목표**

- 그림 속 앵무새를 찾으며 하나부터 열까지 수를 세어 본다.
- 반려동물을 소중히 여긴다.
- 동작 지시어를 몸으로 자유롭게 표현한다.

*** 활동자료** 그림책, 색종이로 접은 앵무새(유아 수만큼)

*** 활동방법**

1. 표지를 탐색하며 앵무새를 세어 본다.

- (표지를 보이며) 앵무새가 몇 마리인지 세어 볼까요?

2. 그림책을 감상한다.

❶ 반복되는 구절은 함께 소리 내어 읽는다.

❷ 그림책 장면 속의 앵무새를 찾아본다.

3. 그림책 장면을 비교하며 등장인물의 마음을 생각해 본다.

- (뒤퐁 교수님의 아침 일과 두 장면을 보이며) 매일 아침 8시에 일어났는데 왜 새벽 4시에 일어났을까요?
- 앵무새들은 왜 자꾸 도망쳤을까요?

4. 색종이 앵무새 찾기 놀이를 한다.

- 앵무새들이 우리 교실에 놀러 와 꼭꼭 숨어 있어요. 어디에 숨었을까요? 찾아볼까요?

5. 앵무새에 적힌 동작 지시어를 몸으로 표현한다.

- 빨간색 앵무새에는 ○○○이라고 쓰여 있네요.
- ○○○을 어떻게 표현할까요?

6. 그림책 속 문제를 해결할 방법에 대해 이야기를 나눈다.

- 앵무새들이 뒤퐁 교수님과 잘 지내려면 어떻게 해야 할까요?

7. 활동을 회상하고 평가한다.

- 여러분은 앵무새들에게 무슨 말을 해 주고 싶나요?

교·구·공·방

〈 말하는 새 접기 〉

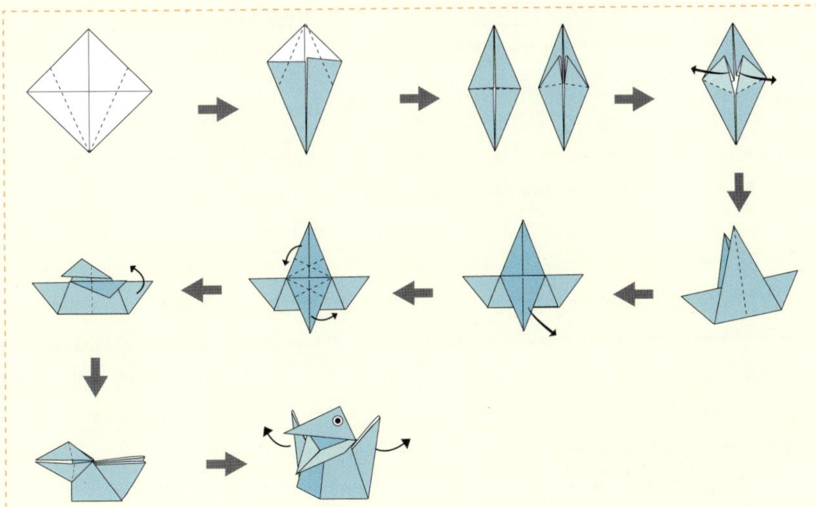

확장활동

활동 1 '앵무새와 행복하게 지내는 법' 활동지

* **활동자료** 활동지, 필기도구
* **활동방법**

1. 앵무새와 사이좋게 지내는 방법을 이야기 나눈다.
2. 활동지를 작성하고 발표한다.

수업메모

- 언어를 순화하거나 이해를 돕기 위해서, 필요에 따라 부분 삭제하여 각색해서 읽는다.
- 수업 시작 전에 미리 교실에 색종이로 접은 앵무새를 숨겨 놓는다.

함께 보면 좋은 책

『열 명의 아이들이 침대에 있어요』 울리히 마스케 글, 기셀라 뒤르 그림, 최인숙 옮김, 이음, 2019

『탈것을 찾아라』 루시 믹클레스웨이트 기획 · 구성, 베틀북, 2006

유아 책 14

『분홍줄』

백희나 글·그림. 시공주니어. 2020

* **활 동 명** 분홍줄아! 놀자

* **활동대상** 만 4세

* **활동목표**
  - 분홍줄의 느낌을 탐색한다.
  - 분홍줄을 이용한 놀이에 즐겁게 참여한다.

* **활동자료** 분홍 털실 뭉치, 주머니, 분홍 털실(길이 60cm-유아 수만큼), 하드바 막대(유아 수만큼)

* **활동방법**

1. 실뭉치를 탐색한다.

❶ 주머니 속에 든 실뭉치를 만져 보고 이야기를 나눈다.

- 주머니 속에 무엇이 들어있는지 손으로 눌러 볼까요?

❷ 실뭉치를 굴리며 주고받기를 한다.

2. 그림책을 감상한다.

❶ 뒤표지를 탐색한다.

- 여기 분홍 실뭉치가 데굴데굴 굴러서 쏙, 책 속으로 들어왔어요.

❷ 책 읽기 중간에 그림을 보며 이야기를 나눈다.

- 분홍줄이 무엇이 되었나요?
- 친구처럼 우리도 아빠에게 전화해 볼까요?

❸ 동작과 노래를 곁들여 읽는다.

♬ 꼬마야 꼬마야~

❹ 다음 장면을 예측해 본다.

- 멍멍이가 어디로 갔을까요?

3. 분홍줄로 여러 가지 놀이를 한다.

❶ 분홍줄을 이용해 여러 가지 모양을 만들어 본다.

❷ 분홍줄을 이용해 다양한 이동 동작을 하며 건너기를 한다.

❸ 분홍줄을 하드바 막대에 감는다.

4. 활동을 회상하며 평가한다.

- 분홍줄로 만든 모양 중 가장 기억에 남는 모양은 무엇인가요?
- 분홍줄을 건널 때 가장 재미있었던 동작은 무엇인가요?

확장활동

활동 1 분홍줄 매스게임

* **활동자료** 분홍 털실 자른 것(길이 60cm-유아 수만큼), 동요 음원('모두 다 뛰놀자')
* **활동방법**

1. 분홍 털실을 하나로 묶어 여러 가지 형태를 만들어 본다.

- 둥그런 연못이 되었네. 이 연못에는 누가 누가 살까요?

2. 동그랗게 둘러서서 노래를 부르며 간단한 율동을 함께 한다.

수업메모

- 선을 이용한 동작 활동을 할 때 지그재그 걷기, 교차하며 걷기, 한 발로 뛰기 등 다양한 걷기와 뛰기를 접목할 수 있으며, 전체를 원으로 연결하여 즉흥적으로 하는 놀이는 아이들의 창의성과 표현력, 사회성 증진에도 도움이 된다.
- 마지막 실 감기는 흥분을 가라앉히고 손과 눈의 협응 및 조작 능력 키우기, 가정에서의 놀이 확장 등 여러 가지 교육적 가치가 있다.

함께 보면 좋은 책

『빨간 끈으로 머리를 묶은 사자』 남주현 글, 그림, 길벗어린이, 2011

유아 책 15

『으쌰으쌰 당근』

멜리 글 · 그림. 책읽는곰. 2021

* **활 동 명** 으쌰으쌰 당근!

* **활동대상** 만 4세

* **활동목표**

  • 그림책 이야기를 통해 친구와 서로 협력하며 즐겁게 놀이한다.

* **활동자료** 그림책, 융판, '당근 뽑기' 교구(펠트 당근, 황토색 펠트, 케이크 모형 상자), '당근 머핀' 재료(유아 수만큼-빨대, 당근 장식, 머핀, 일회용 접시)

* **활동방법**

1. 수수께끼로 당근을 알아본다.

- 땅속에서 자라요. 주황색이에요. 토끼가 좋아해요.

2. 그림책을 감상한다.

❶ 표지를 탐색한다.

- 토끼와 두더지가 무엇을 하고 있나요?

❷ 리듬을 넣어 읽는다.

♫ 만들자, 만들어! 커다랗고 커다란 당근 케이크~

❸ 책을 교구처럼 활용하며 읽는다.

- (토끼가 당근을 뽑듯이 책을 위로 당기며) 으-쌰!
- (두더지가 땅 아래에서 당근을 잡아당기듯 책을 아래로 당기며) 으-쌰!

❹ 내용을 회상하며 이야기를 나눈다.

- 토끼랑 두더지가 처음에 뽑으려고 한 당근은 왜 안 뽑혔을까요?

3. '으쌰으쌰 당근!' 놀이를 한다.

❶ 두 명씩 '으쌰으쌰 당근!' 동작으로 역할을 정한다.

(토끼: 양손을 위로 올린다. / 두더지: 양손을 아래로 내린다.)

❷ 토끼 역할은 당근 잎을, 두더지 역할은 당근 뿌리 끝을 잡는다.

❸ '으쌰으쌰 당근!' 구호에 맞춰 당근을 잡아당긴다.

❹ 뽑은 당근을 케이크 상자에 붙인다.

4. '당근 머핀'을 만든다.

❶ 당근 케이크 상자 안에 있는 당근 장식과 머핀을 꺼내어 나누어 갖는다.

❷ 당근 장식을 빨대에 붙이고 머핀에 꽂아 당근 머핀을 완성한다.

❸ 생일 축하 노래를 부르며 당근 머핀을 먹는다.

5. 활동을 회상하며 평가한다.

- 당근 뽑기 놀이를 할 때 재미있었던 것은 무엇이었나요?

함께 보면 좋은 책

『커다란 수박의 비밀』 다린 글 · 그림, 꿈터 2022

유아 책 16

『튤립 호텔』

김지안 글 · 그림. 창비. 2022

*** 활 동 명** 튤립 호텔로 초대합니다

*** 활동대상** 만 4세

*** 활동목표**

- 그림책 속 등장인물에 관심을 가진다.
- 빛을 이용한 놀이에 호기심을 가지고 탐구하는 과정을 즐긴다.

*** 활동자료** 그림책, 사진 자료(멧밭쥐), '누구 그림자' 활동자료(튤립 틀, 동물 그림자 컷, 가방 컷, 받침대), '손님을 초대해요' 활동 재료(유아 수만큼-원형 OHP 필름, 튤립 틀, 받침대), 네임펜, 손전등(또는 핸드폰의 손전등)

*** 활동방법**

1. 그림책 속 등장인물을 사진으로 만나 본다.

- 봄에 피는 꽃은 어떤 것이 있나요?
- 튤립을 좋아하는 특별한 친구가 있어요. 누구일까요?

2. 그림책을 감상한다.

❶ 뒤표지의 초대 글을 읽고 앞표지를 펼친다.

❷ 앞면지는 이야기를 첨가하여 들려준다.

- 어느 가을날이었어요. '끼익' 트럭 한 대가 넓은 들판에 도착했어요.

❸ 그림책의 내용을 동작으로 표현해 본다.

♬ 파고 파고 짝짝! 심고 심고 짝짝! 덮고 덮고 짝짝! 토닥토닥 짝짝!

❹ 그림을 보며 등장인물이 하는 일에 대해 이야기 나눈다.

3. 그림자를 보고 누구인지 맞혀 본다.

❶ 튤립 틀 속의 그림자가 누구인지 탐색한다.

❷ 가방에 그려진 단서를 보고 가방이 누구의 것인지 맞춰 본다.

4. '손님을 초대해요' 놀이를 한다.

❶ 튤립 호텔에 초대하고 싶은 손님을 OHP 필름에 표현해 본다.

- 여러분은 튤립 호텔에 누구를 초대하고 싶은지 그려 볼까요?

❷ 튤립 틀에 표현한 OHP 필름 그림을 끼운다.

❸ 튤립 틀에 빛을 비추어 초대하고 싶은 손님이 누구인지 소개한다.

5. 활동을 회상하고 평가한다.

- 오늘 책을 보고 새롭게 알게 된 것이 있나요?

함께 보면 좋은 책

『장미 저택』 김지안 글 · 그림, 창비, 2024

유아 책 17

『검피 아저씨의 뱃놀이』

존 버닝햄 글 ·그림. 이주령 옮김. 시공주니어. 2017

* **활 동 명** 뱃놀이 가요!

* **활동대상** 만 4세

* **활동목표**
  - 인형극을 즐겁게 감상한다.
  - 이야기를 극놀이로 표현한다.

* **활동자료** 그림책, 등장인물 컷, 신문지, 동극용 목걸이(혹은 머리띠), 밀짚모자, 색동띠, 티테이블용 상자

* **활동방법**

1. 표지를 탐색한다.

- 아저씨와 동물 친구들이 무엇을 하고 있나요?

2. 그림책을 감상한다.

❶ 의성어를 첨가하며 등장인물을 입체적으로 읽는다.

- 야옹, 고양이가 말했어요.

❷ 반복되는 구절을 강조하며 함께 읽는다.

❸ 노래와 동작을 함께 하며 읽는다.

♫ 노를 저어라, 힘껏 저어라, 랄라랄라 랄라랄라 뱃놀이 가자.

❹ 그림을 보며 이야기를 나눈다.

- 식탁에 어떤 간식들이 있나요?

3. 신문지와 등장인물 컷을 이용한 인형극을 감상한다.

- 안녕, 나는 검피 아저씨란다.

4. 역할을 정하고 색동 띠를 이용하여 극놀이를 한다.

❶ 역할을 정하고 등장인물 목걸이를 나눈다.

❷ 색동 띠 배에 탈 때 검피 아저씨에게 할 말이 무엇인지 말해 본다.

- (맡은 동물의 행동과 소리를 흉내 내며) *"야옹, 나도 타도 돼요?"*

5. 극놀이를 해 본 느낌을 나누며 마무리한다.

- 노래하고 동작으로 표현하며 극놀이를 해 본 느낌이 어떤가요?
- 무엇이 가장 재미있었나요?

수업메모

- 수업하는 집단의 유아 수가 많거나 연령이 어릴 경우, 책 읽기 시작 부분부터 "안녕, 나는 검피 아저씨야."와 같은 직접화법으로 각색해 읽으면 몰입에 도움이 된다.

함께 보면 좋은 책

『꿈의 배 매기호』 아이린 하스 글·그림, 이수명 옮김, 비룡소, 2017

『작은 배』 캐시 헨더슨 글, 패트릭 벤슨 그림, 황의방 옮김, 보림, 2018

유아 책 **18**

『고 녀석 맛있겠다』

미야니시 타츠야 글·그림. 백승인 옮김. 달리. 2004

* **활 동 명** 아기 공룡 운동회

* **활동대상** 만 4세

* **활동목표**

- 그림책 이야기를 통해 아빠의 사랑을 생각해 본다.
- 그림책 내용을 바탕으로 한 다양한 신체 놀이에 즐겁게 참여한다.

* **활동자료** 그림책, 공룡 발바닥, 나무 그림판, 티라노사우루스 공룡 그림판, 빨간색 뽕뽕이, 뾱뾱이, 신문지, 안킬로사우루스 엄마 · 아빠 공룡 그림판, 초록색 마스킹테이프

* **활동 방법**

1. **수수께끼로 등장인물을 알아본다.**

- 나는 동물이에요. 그런데 동물원에서는 볼 수 없어요. 박물관에서 볼 수 있지요.

2. **그림책을 감상한다.**

❶ 표지를 탐색한다.

❷ 그림책을 음향 효과 및 등장인물을 묘사하는 도구로 사용하며 읽는다.

- (책을 책상에 세워 양옆으로 흔들며) 화산이 쾅쾅쾅! 지진이 우룽우룽우룽~

❸ 등장인물의 캐릭터와 상황에 맞게 목소리를 설정하여 읽는다.

❹ 등장인물의 마음을 생각해 본다.

- 아빠 공룡의 마음이 어떨 것 같나요?

3. 그림책 내용에 대해 이야기를 나눈다.

- 티라노사우루스는 왜 '맛있겠다'에게 박치기나 꼬리 쓰는 법을 연습시켰을까요?
- 마지막에 티라노사우루스가 '맛있겠다'에게 왜 잘 가라고 했을까요?

4. 그림책 내용을 바탕으로 여러 가지 신체활동 '아기 공룡 운동회'를 한다.

❶ 활동 1: 빨간 열매 슝슝

① 바닥에 붙여 놓은 발바닥을 따라 걸어가 나무 교구에서 빨간 열매를 딴다.

② 다시 발바닥을 따라가 아빠 공룡 입에 열매를 넣는다.

❷ 활동 2: 아빠처럼 될 거야!

① 파워 꼬리!: 엉덩이를 이용해 뽁뽁이를 문질러 터뜨린다.

② 박치기왕: 양손으로 잡고 있는 신문지를 손으로 격파하듯이 뚫는다.

③ 소리쳐!: 모두 다 큰 소리로 '크르릉' 소리 질러 본다.

❸ 활동 3: 달려라, 아기 공룡!

- 아빠랑 같이 있고 싶으면 달리기 시합을 해서 이겨야 한단다. 자, 저기 보이는 초록색 선까지 누가 빨리 달리나 내기하는 거다.
- (도착지점에 놓인 '맛있겠다' 공룡과 똑같이 생긴 엄마, 아빠 공룡 그림을 보이며) 잘 가라, '맛있겠다'야~

5. 활동을 회상하고 평가한다.

- 아기 공룡 운동회를 해 보았는데 기분이 어땠나요?
- 티라노사우루스가 '맛있겠다'를 사랑한다는 것을 어떻게 알 수 있나요?

수업메모

- 아기 공룡 운동회에서 〈활동 1〉의 경우, 공룡 발바닥은 유아들의 신체 발달 수준에 따라 발 폭을 고려하여 바닥에 놓는다.

함께 보면 좋은 책

『알을 품은 여우』 이사미 이쿠요 글 · 그림, 한림, 2002

유아 책 **19**

『내가 아빠를 얼마나 사랑하는지 아세요?』

샘 맥브래트니 글, 아니타 제람 그림. 김서정 옮김. 베틀북. 1997

* **활 동 명** 사랑 올림픽

* **활동대상** 만 4세

* **활동목표**
  - 그림책 이야기를 관심 있게 듣고 내용을 동작으로 표현해 본다.
  - 부모와 함께하는 사랑 올림픽에 즐겁게 참여하고 사랑하는 마음을 느낀다.

* **활동자료** 그림책, 동요 음원(김성균 '사랑'), 색종이, 풀

* **활동방법**

1. 김성균의 '사랑' 노래를 함께 불러 본다.

♬ 엄마를 보면 나도 몰래 ... 왜 그럴까?

- 왜 엄마를 보면 뛰어가 안기고 싶을까요?

2. 그림책을 감상한다.

❶ 표지를 탐색한다.

- (표지를 보이며) 누가 보이나요? 무엇이라고 말하는 것 같나요?

❷ 그림책의 내용을 몸으로 표현해 본다.

- 아빠는 너를 이만-큼 높이 사랑한단다.

❸ 그림책의 내용을 천천히 음미하듯 읽는다.

- (작은 소리로 속삭이듯) 아가야, 아빠는 말이다, 저 달까지 갔다가, 다시 돌아오는 길만큼 널 사랑한단다.

3. '더 많이, 더 높이, 더 멀리' 사랑 올림픽을 한다.

- (아기 팀과 아빠 팀이 서로 마주 보고 서서) 첫 번째 종목, '많~이'! 아기 팀이 먼저 아빠(엄마)에게 보여 줄까요?
- 나는 아빠(엄마)를 이만큼 많~이 사랑해요.
- 얼음! 이번엔 우리 아빠(엄마) 팀 선수들 차례입니다.
- 더 많이 사랑한 사람이 '사랑해요.' 하면서 안아 주세요.

4. 색종이로 사랑의 왕관을 만든다.

- 색종이로 알록달록 예쁜 왕관을 만들어 볼까요?
- 더 많이 사랑한 팀이 왕관을 씌워 줘 볼까요?

5. 아기-아빠(또는 엄마) 한 쌍을 이루어 사랑의 행진을 한다.

- 품에 아이를 안고 저 출입문까지 행진하겠습니다.

수업메모

- 이 수업은 부모참여 수업에 효과적인 활동이다.
- 학부모 참여 수업이 아니라, 유아들끼리만 할 경우, 아기 팀과 아빠 팀으로 나누고, 아빠 팀은 거인 손 교구를 끼고 '많이', '높이' 종목을 비교하는 놀이를 한다.
- 사랑의 행진을 할 때 '사랑'을 주제로 한 음악을 배경음악으로 틀어주면 효과적이다.

함께 보면 좋은 책

『언제까지나 너를 사랑해』 로버트 먼치 글, 안토니 루이스 그림, 김숙 옮김, 북뱅크, 2000
『네 모습 그대로 사랑한단다』 샘 맥브래트니 글, 아니타 제람 그림, 김서정 옮김, 베틀북, 2019

휴지가 돌돌돌

유아 책 20

『휴지가 돌돌돌』

신복남 글·그림. 웅진주니어. 2021

* **활 동 명** 휴지야, 놀자!

* **활동대상** 만 4세

* **활동목표**
  - 그림책 이야기를 통해 상상하기를 즐긴다.
  - 휴지를 이용한 놀이에 즐겁게 참여한다.

* **활동자료** 그림책, 두루마리 휴지(유아 수의 2배), 주사위, 바구니

* **활동방법**

1. 면지를 탐색한다.

- (면지를 보이며) 이것은 무엇일까요?
- (휴지가 필요한 상황을 보이며) 선생님은 지금 무엇이 필요할까요?

2. 그림책을 감상한다.

❶ 그림책 표지를 탐색한다.

❷ 동작을 곁들여 읽는다.

- 우리도 돼지처럼 으~ 응차! 해 볼까요?

❸ 그림책 장면을 보며 이야기를 나눈다.

- (돼지가 휴지를 계속 기다리는 장면) 지금 돼지의 기분은 어떨까요?

3. '휴지야, 놀자!' 놀이를 한다.

❶ 휴지 굴려 주고받기

❷ 휴지 탑 쌓기

① 두 팀(돼지 팀, 토끼 팀)으로 나눈다.

② 각 팀에서 한 사람씩 나와 주사위를 던진다.

③ 나온 숫자만큼 휴지로 탑을 쌓는다.

④ 휴지 탑을 가장 높게 쌓은 팀이 이긴다.

❸ 휴지 변형 놀이

- 책 속에서 휴지가 무엇이 되었나요?
- 우리도 휴지로 놀아볼까요? ♬ 돌돌돌 휴지를 풀어요~
- 휴지를 잡고 당겨 볼까요?

4. 활동을 회상하고 느낌을 나눈다.

- 휴지를 이용한 여러 가지 놀이를 해 보았는데 무엇이 재미있었나요?

확장 활동

활동 1 요리조리 휴지 배달

* **활동자료** 휴지, 바구니
* **활동방법**

1. 두 팀으로 나누어 한 사람씩 나와 휴지 두 칸을 머리 위에 올려놓고 휴지 장애물 사이를 걷는다.
2. 반환점에 놓아둔 바구니에 휴지를 놓고 출발선으로 돌아온다.

수업메모

- 휴지 풀고 감기 놀이 시 인원이 많을 경우, 휴지를 8~10칸 정도 유아 수만큼 미리 준비한다.
- 주사위의 숫자는 크기가 작은 수로 구성하는 것이 좋다.

함께 보면 좋은 책

『내 휴지 어딨어?』 수잔 바토리 글·그림, 서지희 옮김, 노란코끼리, 2023
『빨간 휴지 줄까? 파란 휴지 줄까?』 천미진 글, 김이조 그림, 키즈엠, 2017

유아 책 21

『다람쥐는 모를 거야』

천미진 글, 강은옥 그림. 키즈엠. 2018

* **활 동 명** 도토리랑 놀아요!

* **활동대상** 만 4세

* **활동목표**
  - 다람쥐의 습성에 관심을 가진다.
  - 친구와 함께하는 놀이에 즐겁게 참여한다.

* **활동자료** 그림책, 동요 음원('도토리'), 융판, 그림 컷(다람쥐, 도토리, 나뭇잎), 도토리-실물 또는 모형, 조화 나뭇잎, 달걀판 2개, 절연테이프

* **활동방법**

1. '도토리' 동요를 부른다.

♫ 떼굴떼굴 떼굴떼굴 도토리가 어디서 왔나?

2. 펠트 나뭇잎으로 도토리 숨기기를 한다.

- 안녕! 난 다람쥐야. 나는 오늘 겨울에 먹을 도토리를 꼭꼭 숨기려고 해.

3. 그림책을 감상한다.

❶ 표지를 탐색한다.

- 다람쥐가 모르는 것이 뭘까요?

❷ 다람쥐가 숨겨 놓은 도토리를 그림책 장면에서 찾아본다.

❸ 뒤면지와 앞면지를 비교해 보며 이야기를 나눈다.

- 다람쥐가 드디어 도토리를 찾았대요. 우리도 나뭇잎 밑에 숨겨진 도토리를 찾아볼까요?

4. '도토리 숨바꼭질' 놀이를 한다.

❶ 두 팀으로 나누어 한 팀은 술래가 되고 다른 팀은 도토리를 숨긴다.

❷ 숨기는 팀은 도토리를 숨긴 진짜 나뭇잎 더미와 비어 있는 가짜 나뭇잎 더미를 함께 만든다.

❸ 술래 팀은 2~3명씩 나와 나뭇잎 더미를 선택하여 숨겨 놓은 도토리를 찾는다.

❹ 역할을 바꾸어 도토리 숨바꼭질 놀이를 한다.

5. 도토리를 이용하여 게임을 한다.

❶ 달걀판에 도토리 던져 넣기

❷ 도토리 알까기

① 바닥에 사각형을 그리고 빨간 도토리와 파란 도토리를 넣는다.

② 빨간 도토리 팀과 파란 도토리 팀을 정해 사각형 속 상대방의 색깔 도토리를 맞춰 밖으로 쳐낸다.

6. 활동을 회상하고 마무리한다.

- 오늘 도토리를 이용해서 놀이를 해 보았는데 어떤 놀이가 가장 재미있었나요?

수업메모

- 나뭇잎 더미를 만들 때 친구가 만들어 놓은 나뭇잎 더미를 흩트리지 않도록 조심한다.

함께 보면 좋은 책

『어치와 참나무』 이순원 글, 강성은 그림, 북극곰, 2014

유아 책 22

『겨울이 왔어요』

이송은 글, 박해진 그림. 동화가있는집. 2023

*** 활 동 명** 겨울 소리를 만들어요

*** 활동대상** 만 4세

*** 활동목표**

- 겨울에 경험할 수 있는 소리에 관심을 가진다.
- 전분 가루에 호기심을 갖고 탐색한다.
- 일상 소품을 이용한 겨울 소리 동화 만들기에 즐겁게 참여한다.

*** 활동자료** 그림책, 전분, 체, 검정 도화지, 음향 도구용 생활소품(뽀득이 풍선 교구, 빳빳한 비닐봉지, 두꺼운 소재로 된 앞치마, 부채 등)

*** 활동 방법**

1. 검정 도화지와 체를 이용해 전분을 탐색한다.

- (체로 전분을 뿌리며) 하얀 가루가 사르르, 눈이 내리네.
- 느낌이 어떤가요?

2. 그림책을 감상한다.

- 친구가 창밖을 구경하고 있네요. 무엇을 보고 있을까요?
- 여기에 여러 가지 겨울 소리가 숨어 있대요.

3. 생활소품을 만지며 어떤 소리가 나는지 탐색한다.

- (비닐봉지를 보이며) 여기에서는 무슨 소리가 날까요? 만져 볼까요? 바스락바스락~

4. 팀을 나누고 소리를 만들며 그림책을 다시 감상한다.

- 바람이 세차게 불어요. 휘-잉 휘-잉!

5. 생활소품으로 만든 음향 도구를 활용하여 소리 동화를 녹음해 본다.

- 우리가 겨울 소리 동화를 만들어 볼까요?

6. 녹음한 소리 동화를 들으며 이야기 나눈다.

- 여러 가지 물건으로 소리를 만들어 보았는데 기분이 어떤가요?
- 우리가 만들어 본 겨울 소리 중 어떤 소리가 재미있었나요?

수업메모

- 실제 눈을 경험하면서 '뽀드득'의 느낌을 탐색할 수 있으면 좀 더 바람직하다.
- '뽀득이 풍선 교구'는 교사가 미리 만들어 준비한다.
- '뽀득이 풍선 교구'를 만들 때 풍선 안의 공기가 남지 않도록 충분히 빼 주고 묶는다.
- 전분 탐색과 소리 동화 만들기를 2차시로 나누어 진행할 수 있다.
- 유아뿐 아니라 초등 아동에게도 소리 창의성 수업으로 확장하여 적용할 수 있다.

함께 보면 좋은 책

『눈 오는 날』 에즈라 잭 키츠 글·그림, 김소희 옮김, 비룡소, 2017

유아 책 23

『메리 크리스마스, 늑대 아저씨!』

미야니시 타츠야 글·그림. 이선아 옮김. 시공주니어. 2017

* **활 동 명** 즐거운 크리스마스!

* **활동대상** 만 4세

* **활동목표**
  - 크리스마스의 따뜻함을 그림책 이야기를 통해 경험한다.
  - 다양한 미술 재료를 이용해 트리를 입체적으로 표현하고 사랑의 마음을 전한다.

* **활동자료** 그림책, 캐럴 음원, 융판, 크리스마스트리 교구(갈색 펠트 세모 4개, 초록색 펠트 세모 24개, 트리 장식 그림 자료), 트리 만들기 재료(유아 수만큼-색지, 스티커, 스팽글 등)

* **활동방법**

1. 익숙한 캐럴을 부른다.

- 이 노래를 들어본 적이 있나요?
- 언제 부를까요?
- 사람들은 크리스마스를 준비할 때 무엇을 할까요?

2. 그림책을 감상한다.

❶ 앞표지를 탐색한다.

- 아기 돼지들이 무엇을 하고 있나요?

❷ 원문을 익숙한 동요 음률에 맞춰 읽는다.

♬ 신나는, 신나는 크리스마스 ~

❸ 그림책 속의 등장인물의 상황을 반영하여 읽는다.

- (입에 붕대를 감은 상황을 살려 입을 벌리지 않고 눈을 크게 뜨며) **우우우 우우~~~**

3. 늑대의 마음이 변하게 된 이유에 대해 이야기를 나눈다.

- 아기 돼지를 잡아먹으려고 했던 늑대가 화환도 고쳐 주고 트리도 새롭게 만들어 주게 된 이유가 뭘까요?

4. 크리스마스트리를 완성해 본다.

❶ 완성하지 못한 크리스마스 나무를 융판으로 보여 준다.

- 모두 함께 트리를 완성해 볼까요?

❷ 세모 펠트를 이용해 나무를 완성해 본다.

❸ 트리 장식을 붙여 나무를 꾸며 본다.

5. 크리스마스에 선물할 사랑의 트리를 만든다.

- 그림책에서 본 늑대처럼 감사와 사랑을 전하고 싶은 사람이 있나요?

6. 활동을 회상하고 평가한다.

- 선물할 트리를 만들면서 기분이 어땠나요?

함께 보면 좋은 책

『커다란 크리스마스트리가 있었는데』 로버트 배리 글·그림, 김영진 옮김, 길벗어린이, 2014

유아 책 **24**

『산타와 함께 춤을』

이연주 글 · 그림. 북극곰. 2018

*** 활 동 명** 꼬마 산타가 되어 보아요!

*** 활동대상** 만 4세

*** 활동목표**

- 노래 부르기를 즐기고 움직임과 춤으로 자유롭게 표현한다.
- 선물 배달 놀이를 하며 나눔의 기쁨을 느낀다.

*** 활동자료** 그림책, 고양이 인형, 산타 모자(교사용, 유아용), '선물 꾸러미' 활동 교구(융판, 펠트 선물 주머니, 선물상자 그림 컷), '마을' 활동 교구(검정 바탕판, 집, 얼굴 컷, 펠트별 컷)

*** 활동방법**

1. 그림책에 등장하는 고양이를 만나 본다.

- (고양이 인형을 손가락에 끼고) 안녕! 난 춤추기를 좋아해. 너희들도 춤추기를 좋아하니?

2. 그림책을 감상한다.

❶ 면지를 탐색한다.

- (별을 가리키며) 반짝이는 것은 무엇일까요?

❷ 그림을 가렸다가 보여 주며 읽는다.

- 날고 있던 빨간 새가 어디로 갔을까요?

❸ 책 속의 동작을 몸으로 표현해 본다.
- '메리메리 송송송'은 어떻게 표현할까요?

❹ 새가 나오는 두 장면을 비교해 보며 무엇이 달라졌는지 이야기 나눈다.

3. 노래를 부르며 산타 마법 춤을 춘다.

♬ 메리메리 송송송, 해피해피 츄츄츄, 쉐킷쉐킷 콕콕콕, 플라이플라이 포올짝!

4. 꼬마 산타 선물 배달 놀이를 한다.

❶ 산타 모자를 쓰고, 마을 쪽으로 이동하여 산타 마법 춤을 춘다.

❷ 선물상자를 선택해서 친구 집에 붙인다.

❸ 다음 친구에게 산타 모자를 전달하고 릴레이로 진행한다.

❹ 놀이가 끝난 후 친구에게 어떤 선물을 주었는지 이야기 나눈다.

5. 산타 마법 춤을 추며 크리스마스 소원 말하기를 한다.

- 나의 소원이 무엇인지 말해 볼까요?

6. 활동을 회상하며 마무리한다.

- 오늘 산타가 되어 춤도 추고, 선물도 전달해 보았는데 무엇이 가장 재미있었나요?

함께 보면 좋은 책

『어쩌다 산타』 박성익 글 · 그림, 책읽는곰, 2023
『크리스마스 선물』 존 버닝햄 글 · 그림, 이주령 옮김, 시공주니어, 2023

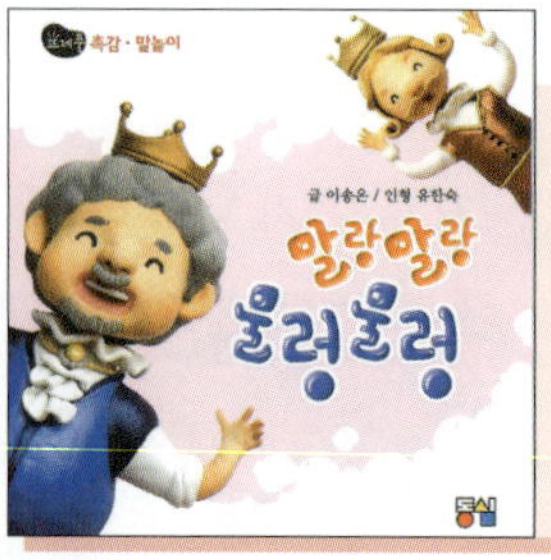

유아 책 25

『말랑말랑 물렁물렁』

이송은 글, 유한숙 인형. 동심. 2009

* **활 동 명** ① 가루야, 놀자!

* **활동대상** 만 4세

* **활동목표**

- 밀가루의 성질에 관심을 가지고 반죽의 과정을 탐색한다.
- 밀가루 반죽을 이용한 놀이에 즐겁게 참여한다.

* **활동자료** 밀가루, 쟁반, 검정 색지, 도형 모양 딱지, 비닐 천, 체, 물풀

* **활동방법**

1. **눈과 손으로 밀가루를 탐색한다.**

- (밀가루를 체로 뿌리며) 와, 하얀 가루다. 느낌이 어떤가요?

2. 도형 모양 딱지를 활용해 밀가루를 뿌리고 여러 가지 모양을 탐색한다.

- (검정 색지 위의 도형 모양 딱지를 들어 올리며) 무슨 모양이 나올까요?

3. 물풀 그림에 밀가루를 뿌린다.

- (검정 색지에 물풀 그림을 그려 보이며) 밀가루를 뿌려 볼까요? 무엇이 보이나요?

4. 밀가루와 물이 섞이는 과정을 탐색하고 반죽을 만들어 본다.

5. 반죽을 손으로 탐색한다.

- 느낌이 어떤가요? 콩콩(쿵쿵) 쳐 볼까요? 꼭꼭(꾹꾹) 눌러 볼까요? 조몰락조몰락(주물럭주물럭)!

6. 두 팀으로 나누어 밀가루 반죽으로 만들기를 한다.

- 작은 나라는 아주 작은 것, 큰 나라는 아주 큰 것을 만들어 보아요.

7. 반죽으로 만든 것을 발표하고 감상한다.

* **활 동 명 ②** 말랑물렁 인형극

* **활동대상** 만 4세

* **활동목표**
  - 인형극에 관심을 가지고 즐겁게 참여한다.
  - 큰 말, 작은 말을 동작으로 표현해 본다.

* **활동자료** 그림책, 동요 음원('말랑물렁'), 배경용 물풀 그림 완성품, 반죽 조형물(전 차시 결과물), 인형극 소품(테이블, 검정 천, 테이블 인형, 배경 판 지지대), 경쾌한 음악

* **활동방법**

1. 밀가루 반죽으로 만든 작은 물건, 큰 물건들을 소개한다.

- 반죽 선물이 있어야 반죽 나라로 놀러 갈 수 있어요. 어떤 선물을 준비했나요?

2. 테이블 인형극을 감상하며 참여한다.

① ('말랑물렁' 음원과 함께 시작한다): ♬ 옛날~ 두 나라가 있었네.

② 인형극 시연: (인형을 등장시키며) *옛날, 밀가루 반죽으로 만든 두 나라가 있었어요....*

③ '말랑물렁' 음원: 우리도 함께 만들어 볼까요? ♬ 말랑 나라 임금님은~ 케이크를 만들어 주세요.

④ 인형극 시연: (소녀 인형 등장) *어느 날, 한 소녀가 찾아왔어요. 세상에서 제일 멋진 케이크를 만들어 주세요.* (말랑 임금 등장) *세상에서 제일 멋진 케이크라......*

⑤ '말랑물렁' 음원: ♬ 말랑 나라 임금님은 조그맣게 조그맣게~

⑥ 인형극 시연: *말랑 나라 백성들은 케이크를 가져오너라. ......* (유아들 자신들이 만든 것을 모두 들고나오면 소녀 인형) *이건 너무 커요~ 함께 만들어요.*

⑦ '말랑물렁' 음원: ♬ 우리가 함께 만들어요~ 다 함께.

⑧ 인형극 시연: (두 나라 것 모두 합한 후, 소녀 인형) *이것 좀 보세요. 와! 멋지다.*

⑨ '말랑물렁' 음원: ♬ 우리가 함께 ~ 케이크가 되었네.

⑩ 인형극 시연: (음악에 맞춰 인형들을 움직이며) *우리 모두 함께 춤을 춥시다~*

3. 교사의 해설에 따라 큰 말, 작은 말을 몸으로 표현해 본다.

- 말랑 나라 임금님은 아장아장 걸어요. 물렁 나라 임금님은 성큼성큼 걸어요.

4. 연주곡의 강약에 맞춰 작은 몸짓, 큰 몸짓으로 움직여 본다.

- 노래에 맞춰 옆으로 걸어 볼까요?

5. 그림책을 감상한다.

- 오늘 해 본 인형극이 이 책 속에 있어요.

수업메모

- 〈활동 1〉은 〈활동 2〉의 인형극을 위한 준비 과정이라고도 할 수 있다.
- 〈활동 1〉만 단독으로 할 경우에는 물풀 그림과 반죽 조형을 다양하게 확장할 수 있다.
- 〈활동 2〉 인형극 시연 시 음원 사용은 상황에 따라 조절할 수 있다.
- 동요 음원('말랑물렁') 문의
  동화가있는집 연구소 www.leestoryhouse.com ☎ 02-2632-1582

함께 보면 좋은 책

『달걀이랑 반죽이랑』 서영 글 · 그림, 책읽는곰, 2012
『손 큰 할머니의 만두 만들기』 채인선 글, 이억배 그림, 재미마주, 2007

유아 책 **26**

『신기한 씨앗 가게』

미야니시 다쓰야 글·그림. 김수희 옮김. 미래아이. 2016

* **활 동 명** 신통방통~~ 씨앗!

* **활동대상** 만 5세

* **활동목표**
  - 반복되는 구절을 함께 소리 내어 읽으며 읽기에 관심을 가진다.
  - 다양한 미술 재료를 이용해 나만의 신기한 씨앗 나무 꾸미기에 즐겁게 참여한다.

* **활동자료** 그림책, '씨앗 팝업북' 만들기 재료[유아 수만큼-색지(초록색, 갈색, 흰색)], 색칠도구, 풀, 가위

* **활동방법**

1. 신기한 씨앗 가게가 어떤 가게인지 이야기해 본다.

- 어떤 마을에 신기한 가게가 생겼어요. 어떤 가게일까요?

2. 그림책을 감상한다.

❶ 반복되는 주문의 동작을 함께 만들어 본다.

♫ 씨씨씨 앗앗앗~

❷ 다음 장면을 상상하며 이야기 나눈다.

- 새하얗고 차가운 씨앗은 자라서 어떤 열매가 열릴까요?

- (늑대가 돼지를 쫓아 달려오는 장면) 늑대는 꼬마 돼지를 꿀꺽 삼키려고 했어요. 어떻게 되었을까요?

3. 나만의 신기한 씨앗 나무를 꾸며본다.

- 신기한 씨앗이 자라면 어떤 열매가 열릴까요?
- 상상 열매를 그려서 나무에 붙여 볼까요?

4. 주문과 함께 신기한 씨앗을 소개한다.

- 친구들에게 나만의 신기한 씨앗을 소개해 볼까요?

5. 활동을 회상하고 평가한다.

- 오늘 활동 중에 무엇이 재미있었나요?
- 친구들이 소개한 씨앗 중 어떤 것이 가장 기억에 남나요?

함께 보면 좋은 책

『신기한 우산 가게』 미야니시 다쓰야 글 · 그림, 김수희 옮김, 미래아이, 2017

『신기한 사탕』 미야니시 다쓰야 글 · 그림, 계일 옮김, 계수나무, 2018

유아 책 **27**

『괜찮아 아저씨』

김경희 글·그림. 비룡소. 2017

* **활 동 명** 변해라, 머리 모양!

* **활동대상** 만 5세

* **활동목표**
  - '괜찮아 아저씨' 교구를 이용해 수 세기를 경험한다.
  - '괜찮아 아저씨' 머리카락 꾸미기의 창의적 표현을 즐긴다.

* **활동자료** 그림책, '괜찮아 아저씨' 얼굴 교구(유아 수만큼)

* **활동방법**

1. '곰 다리 새 다리' 손유희를 한다.

♫ 곰 다리 네 개, 새 다리 두 개 ~

2. 그림책을 감상한다.

❶ 표지를 탐색한다.

- 머리 위에 새가 앉아 있다면 기분이 어떨까요?
- 아저씨는 그래도 괜찮다며 ♫ 괜찮아~ 괜찮아 노래를 불러요.

❷ 그림을 부분적으로 가린 채 뒷이야기를 예측해 본다.

- 아저씨의 머리카락은 어떻게 되었을까요?

❸ 뒤면지를 보며 이야기를 나눈다.

- 아저씨가 왜 화관을 벗어 놓았을까요?

3. '괜찮아 아저씨' 교구를 활용해 수 세기 놀이를 한다.

♬ 머리카락 열 개 머리카락 열 개, 그중에 하나, 바람결에 쏘옥~ 남은 건 몇 개?
남은 건 아홉 개 남은 건 아홉 개, 괜찮아~ 괜찮아.

4. '괜찮아 아저씨' 머리 모양을 꾸민다.

- 우리 친구들이 "괜찮아 괜찮아~" 노래를 큰 소리로 불러 주니 아저씨 머리카락이 다시 이렇게 많이 자랐어요. 아저씨 머리 모양을 멋지게 꾸며 볼까요?

5. 활동을 회상하고 평가한다.

- 어떤 머리 모양이 가장 재미있었나요?

수업메모

- '괜찮아 아저씨' 교구를 만들 때 모루 끝부분에 찔리지 않도록 마감 처리에 유의한다.

함께 보면 좋은 책

『이렇게 멋진 꼬리 봤어?』 데이비드 스몰 글 · 그림, 엄혜숙 옮김, 초록글, 2021
『열 명의 아이들이 침대에 있어요』 울리히 마스케 글, 기셀라 뒤르 그림, 최인숙 옮김, 이음, 2019

유아 책 **28**

『딩동거미』

신성희 글·그림. 한림. 2017

*** 활 동 명** 딩동! 거미줄

*** 활동대상** 만 5세

*** 활동목표**

- 친구와 함께 놀이하며 약속과 규칙의 필요성을 알고 지킨다.
- 실을 이용해 다양한 모양을 창의적으로 표현한다.

*** 활동자료** 그림책, 딩동 퀴즈 카드, 면고무줄, 털실 모양 만들기 재료(유아 수만큼-털실 40cm, 손코팅지, A4용지)

*** 활동방법**

1. 수수께끼로 거미를 맞혀 본다.

- 나는 누구일까요? 나는 집을 잘 지어요.

2. 그림책을 감상한다.

❶ 표지와 면지를 탐색한다.

- 왜 '딩동거미'일까요?

❷ 그림을 부분적으로 가리며 읽는다.

- 이게 뭐더라?

❸ 거미의 동작을 따라 하며 읽는다.

3. 거미줄을 통과하며 딩동 퀴즈를 풀어 본다.

❶ 거미줄에 닿지 않도록 건너가 퀴즈 상자에 도착한다.

❷ 퀴즈 상자에서 퀴즈를 뽑고 문제를 풀어 본다.

❸ 문제를 맞히면 '딩동!' 하고 외친다.

4. 털실을 이용해 여러 가지 모양을 표현해 본다.

5. 활동을 회상하며 평가한다.

- 실로 만든 모양 중 기억에 남는 모양이 있나요?

수업메모

- 거미줄 놀이 시 다 함께 지켜야 하는 규칙을 설명한다.

함께 보면 좋은 책

『딩동거미와 개미』 신성희 글 · 그림, 한림, 2022
『딩동거미 대작전』 신성희 글 · 그림, 한림, 2024

유아 책 **29**

『똥방패』

이정록 글, 강경수 그림. 창비. 2015

* **활 동 명** 친구를 지켜라!

* **활동대상** 만 5세

* **활동목표**
  - 백합긴가슴잎벌레에 대해 관심을 가진다.
  - 놀이 규칙을 알고 친구와 사이좋게 놀이한다.

* **활동자료** 그림책, 백합긴사슴잎벌레 사진 자료, '친구를 지켜라' 교구(똥방패, 뽕뽕이, 작은 바구니, 애벌레 상자), 마스킹테이프(초록색, 빨간색)

* **활동방법**

1. 표지를 탐색하며 이야기 나눈다.

- 방패가 무엇인가요?

2. 그림책을 감상한다.

❶ 등장인물의 특징이나 상황을 살려 읽는다.

- (얼굴을 찡그리고 성대를 조이며) 목욕 한번 해 보는 게 소원이랬지?

❷ 책을 교구처럼 활용하여 읽는다.

- (책을 약간 들어 올리며) 끄응 끙! 끄응 끙!

❸ 다음 장면의 내용을 예측해 본다.

3. 백합긴가슴잎벌레에 대해 알아본다.

- (사진을 보이며) 똥벌레가 바로 백합긴가슴잎벌레예요.

4. '친구를 지켜라' 놀이를 한다.

❶ 두 팀으로 나누어 똥방패 팀은 초록색 반원 안에, 곤줄박이 팀은 빨간색 반원 밖에 선다.

❷ 각 팀별로 체조를 한다.

- 똥방패팀 체조 시~작! "막기! 막기! 오른쪽! 왼쪽! 막기! 막기! 위! 아래!"
- 곤줄박이팀 체조 시~작! "펄럭펄럭! 호이호이! 펄럭펄럭! 호이호이!"

❸ 곤줄박이팀은 뿅뿅이를 애벌레 상자로 던지고, 똥방패 팀은 공이 들어가지 않도록 막는다.

5. 활동을 회상하며 평가한다.

- 곤충에 대해 새롭게 알게 된 것은 무엇인가요?
- 똥방패로 뿅뿅이를 막으면서 애벌레 친구를 도와줄 때, 기분이 어땠나요?

수업메모

- '친구를 지켜라' 놀이 시 곤줄박이 팀의 던지기와 똥방패 팀의 막기가 어떤 의미인지에 대해 충분히 이야기를 나눈 후 놀이를 진행한다.
- 교사는 아동들에게 게임의 승패보다 친구를 도와준 행동에 대한 칭찬으로 격려해 준다.

함께 보면 좋은 책

『알버트가 뒤집혔어!』 이안 블라운 글, 오언 클라크 그림, 바람숲아이 옮김, 섬집아이, 2023

봄봄 딸기

유아 책 **30**

『봄봄 딸기』

김지안 글·그림. JEI재능교육. 2019

*** 활 동 명** 딸기를 옮겨라!

*** 활동대상** 만 5세

*** 활동목표**

- 딸기로 만든 음식에 관심을 가지고 음식의 특징을 말과 동작으로 표현해 본다.
- 바람의 힘을 이용한 신체 놀이에 즐겁게 참여한다.

*** 활동자료** 그림책, 손가락 나비, 딸기창고 교구 2개, '딸기 자동차' 만들기 재료(유아 수만큼-종이컵, 자동차틀, 딸기스티커), 부채, 뿅뿅이(유아 수만큼), 소형 바구니

*** 활동방법**

1. 손가락 나비 인형과 함께 표지를 탐색한다.

- (손가락 나비 인형을 끼고) 안녕? 어디서 달콤한 냄새가 나는데~ 어디서 나는 냄새지?
- (표지를 보이며) 아, 여기서 나는 냄새구나~

2. 그림책을 감상한다.

❶ 동작을 곁들여 읽는다.

- 바구니가 너무 커서 밀리지 않나 봐요. 다 같이 '영차~' 해 줄까요?

❷ 문제를 해결할 방법에 대해 이야기 나눈다.

- 바구니를 어떻게 옮겨야 할까요?

❸ 그림을 부분적으로 가리고 다음 장면을 예측해 본다.

- 바구니가 화산에 가까워지고 있어요. 어떤 일이 벌어질까요?

3. 그림책 내용을 회상하고 딸기로 만든 음식을 알아본다.

- 딸기로 만든 음식은 무엇이 있을까요?

4. 딸기로 만드는 음식의 특징을 말과 동작으로 표현해 본다.

♬ 새콤달콤 딸기, 새콤달콤 딸기, 무얼 만들까? 무얼 만들까?

5. 두 팀으로 나눠 '딸기를 옮겨라!' 게임을 한다.

❶ 딸기 자동차의 바구니 꾸미기를 한다.

❷ 자동차를 부채질해서 딸기창고까지 옮긴다.

6. 활동을 회상하며 평가한다.

- 딸기로 만든 음식을 몸으로 표현해 보았는데 어떤 것이 재미있었나요?
- 부채로 바람을 일으켜 자동차를 움직여봤는데 어려운 점은 없었나요?

확장 활동

활동 1 '풍선 자동차' 딸기 옮기기

* **활동자료** 딸기스티커, 풍선이 연결된 컵, 자동차 틀
* **활동방법**
  1. 풍선이 연결된 컵에 스티커를 붙여 꾸민다.
  2. 풍선에 바람을 넣은 후 자동차 틀에 올려놓고 출발시킨다.

수업메모

• 시간적 여유가 있다면 딸기잼을 활용한 요리를 해도 좋다.
  예) 딸기잼 샌드위치, 딸기 카나페 등

함께 보면 좋은 책

『채소 학교와 쌍둥이 딸기』 나카야 미와 글 · 그림, 강방화 옮김, 웅진주니어, 2023
『찍찍찍 마을 딸기 축제』 멜리 글 · 그림, 스콜라, 2023

유아 책 **31**

『빨강부채 파랑부채』

동화가 있는 집 글, 민경숙 그림. 국민서관. 2016

* **활 동 명** 죽죽죽 쏙쏙쏙

* **활동대상** 만 5세

* **활동목표**
  - 반복되는 구절을 함께 읽으며 읽기에 관심을 가진다.
  - 몸을 움츠리고 뻗으며 신체 움직임을 조절한다.
  - 게임 규칙을 알고 즐겁게 참여한다.

* **활동자료** 그림책, 부채, 부채돌이, 마스킹테이프

* **활동방법**

1. 부채에 대한 수수께끼를 맞혀 본다.

- 날씨가 더울 때 시원하게 하는 데 도움을 주지요.

2. 그림책 표지의 내용을 손유희로 표현해 본다.

- 빨강 부채를 부치면 어떻게 될까요?

♫ 빨강부채 부치면 어떨까? 어떨까? 늘어난다, 늘어난다. 죽죽 죽죽죽! ~

3. 그림책을 감상한다.

❶ 시작 부분은 천천히 여유를 갖고 읽는다.

- 옛~~날 어느 마을에 한 나무꾼이 살고 있었어요.

❷ 그림을 부분적으로 보여 주며 극적 효과를 높인다.

❸ 노래와 동작을 함께 하며 읽는다.

♬ 파랑부채 부치면 어떨까? 어떨까? ~

4. '죽죽죽' 늘어나고 '쏙쏙쏙' 줄어드는 놀이를 한다.

❶ 개별 움직임 표현을 한다.

- 노래에 맞춰 몸을 움츠리고 뻗어 볼까요?

❷ 팀별로 움직임 놀이를 한다.

① 두 팀으로 나누어 손을 잡는다.

② 노래가 시작되면 손을 잡고 죽죽 뻗어 나가다가 교사가 소고를 치면 멈춘다.

③ 기준점에서 더 멀리 길어진 팀이 이긴다.

④ 진 팀은 이긴 팀에게 손으로 부채질해 주면서 "시원하시죠?", 이긴 팀은 뒷짐을 지고 "시원하구나."라고 말한다.

5. '부채바람 슝슝' 놀이를 한다.

- 부채 바람으로 부채돌이를 슝슝 보내 볼까요?

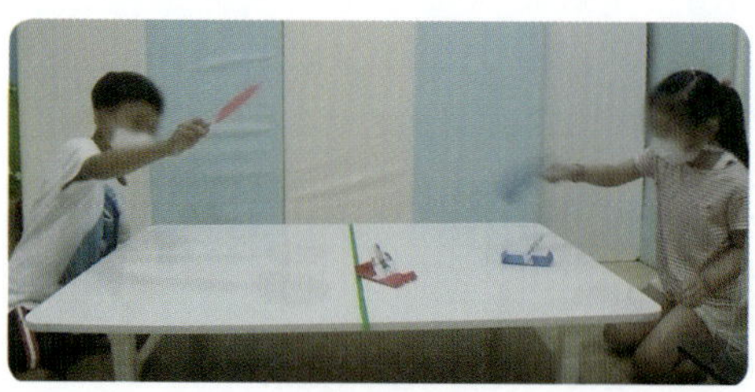

6. 활동을 회상하며 평가한다.

- 친구들과 함께 노래를 부르며 책을 읽으니 기분이 어떤가요?
- 다 같이 손잡고 늘어났다가 줄어들었다 하는 놀이를 할 때 어려운 점은 없었나요?

수 업 메 모

- 유아가 팀별로 '줄어든다'를 신체로 표현할 경우, 갑자기 앞으로 몰려오지 않도록 안전에 유의한다. '늘어난다'를 할 때에도 팔을 심하게 당기지 않도록 주의한다.
- 초등 아동 대상으로 윷놀이를 변형한 '부채 주사위 게임'을 할 수 있다.

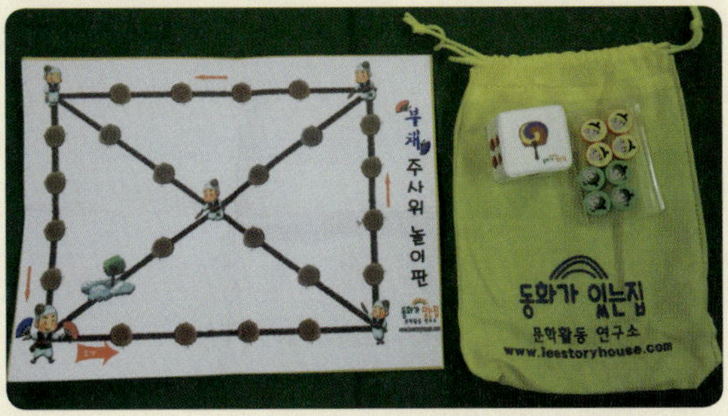

함께 보면 좋은 책

『임금님이 주신 부채』 홍윤희 글, 김순영 그림, 북큐레이터, 2015

유아 책 **32**

『맛있는 동그라미』

이송은 글. 오정일 그림. 동화가있는집. 2021

*** 활 동 명** 몸으로 음식 표현하기

*** 활동대상** 만 5세

*** 활동목표**

- 다른 나라 음식에 관심을 가진다.
- 신체를 이용한 음식 표현 놀이에 즐겁게 참여한다.
- 다른 나라의 음식 문화를 이해하고 존중한다.

*** 활동자료** 그림책, 음식 퍼즐(10쌍), 퀴즈 문제, 음식 단어 카드, 융판

*** 활동방법**

1. 표지를 탐색한다.

- '맛있는 동그라미' 하면 무엇이 떠오르나요?

2. 그림책을 감상한다.

❶ 반복되는 부분은 리듬을 타며 읽는다.

- 동글동글 동그라미~

❷ 그림책 속 음식에 대해 이야기 나눈다.

- 비빔밥을 먹어 본 경험이 있나요?
- 비빔밥에는 어떤 재료가 들어갈까요?

❸ 그림책 속의 구멍이 앞뒤로 무엇으로 바뀌는지 탐색한다.

- 계란 노른자가 피자에서는 무엇이 되었나요?

3. 퀴즈게임을 하며 퍼즐을 맞추어 본다.

- (퍼즐 조각을 나누어 주고 음식에 대해 설명한 후) 해당하는 퍼즐을 가진 친구 손들어 볼까요?
- 사람 이름을 따서 만든 음식은 무엇일까요?

4. 팀별로 한 가지 음식을 몸으로 표현해 본다.

- 비빔밥에 무엇이 들어있나요? 어떤 색인가요?
- 비빔밥을 몸으로 표현해 볼까요?

5. 활동을 회상하며 평가한다.

- 오늘 새롭게 알게 된 음식이 있나요?

수업메모

- '몸으로 음식 표현하기'는 연극놀이의 '정지동작 만들기' 기법을 활용한다.
- 다문화수업을 위한 워밍업으로 '당신은 이웃을 사랑합니까?', '나 너 우리' 등을 활용할 수 있다.
- 초등 수업 시 10개국 음식과 민속인형 그림 컷을 세계지도에 붙여보기를 할 수도 있다.

함께 보면 좋은 책

『세계의 음식』 윤소리 그림, 꼬마이실, 2015
『함께 먹는 세계의 음식』 베스 왈론드 글·그림, 서지희 옮김, 내인생의책, 2020

유아 책 33

『원숭이 엉덩이는 빨개』

전래동요, 김보미 그림. 동심. 2009

* **활 동 명** 말놀이 기차
* **활동대상** 만 5세
* **활동목표**
  - 전래동요에 관심을 가지고 즐겁게 부른다.
  - 연상되는 말을 이어가며 말놀이를 즐긴다.
* **활동자료** 그림책, 동요 음원('원숭이 엉덩이는 빨개'), 펠트 그림 카드, '말놀이 기차 카드' 그림 도안(유아 수만큼)
* **활동방법**

1. 그림책 표지를 탐색한다.

- 원숭이 중에 한 마리는 뒤를 보고 있네요. 왜 뒤를 보고 있을까요?
- 원숭이 엉덩이는 무슨 색인가요?

2. 그림책을 감상한다.

❶ 문장 앞부분에서 어미 끝부분을 올리고 끊어 읽음으로써 유아들에게 말을 하도록 격려한다.

- 원숭이 엉덩이는(↗) 빨개.

❷ 동작을 곁들여 그림책을 읽는다.

- 바나나가 어떤가요? (교사가 손동작을 길게 하며) 길어요. 바나나는 길어.

❸ 노래와 함께 그림책을 다시 감상한다.

3. 노랫말을 몸으로 표현해 본다.

- (펠트 그림 카드를 보이며) 사과는 어떻게 표현할까요?

4. 그림을 색칠해 말놀이 기차 카드를 만든다.

- 그림을 색칠해 볼까요?
- 노래를 부르며 카드를 순서대로 놓아 볼까요?

5. 연상되는 말 이어가기를 함께 해 본다.

- 말놀이 기차를 만들어 볼까요?
- 단풍은 빨개. 빨가면, 뭐가 생각나나요? (고추! - 고추는 뾰족해 - 뾰족한 건 바늘 - 바늘은 아파 - 아프면 병원 가 - 병원 가면 구급차)

6. 활동을 회상하고 평가한다.

- 어떤 놀이가 가장 재미있었나요? 그 이유는 무엇인가요?
- 말놀이 기차 노래 부를 때 기분이 어땠나요? 왜 그런 기분이 들었나요?

수업메모

- 새로운 말놀이 기차를 만들 때, 유아가 생각해 내는 것을 어려워할 경우 교사는 연상을 도와줄 수 있는 질문을 통해 유아가 확산적 사고를 할 수 있도록 도와준다.
- 유아들이 만든 말놀이 기차 내용을 그림 카드로 만들어 볼 수도 있다.

함께 보면 좋은 책

『최승호 시인의 말놀이 동시집』 최승호 시, 윤정주 그림, 비룡소, 2020

유아 책 **34**

『나뭇잎이 달아나요』

올레 쾨네케 글·그림. 임정은 옮김. 시공주니어. 2008

*** 활 동 명** 나뭇잎이 달아나요

*** 활동대상** 만 5세

*** 활동목표**

- 나뭇잎의 냄새, 모양, 소리를 탐색한다.
- 나뭇잎 부채를 이용한 얇은 종이 날리기 신체활동에 즐겁게 참여한다.
- 나뭇잎으로 다양한 모양을 표현해 본다.

*** 활동자료** 그림책, 실물 나뭇잎, 종이 나뭇잎, 패러슈트(또는 매트), 나뭇잎 부채(유아 수만큼), 도화지(유아 수만큼), 풀

*** 활동방법**

1. 나뭇잎과 인사를 나눈다.

- 안녕, 난 장난을 좋아하는 나뭇잎이야! 넌 누구니? 나 잡아 봐라.

2. 그림책을 감상한다.

❶ 표지의 제목을 가리고 그림을 탐색한다.

- 지금 아이들은 무엇을 하는 걸까요?

❷ 그림을 보며 대사를 첨가하여 읽는다.

- 안녕, 나는 안톤이야. 난 지금 떨어진 나뭇잎을 치우고 있어.

❸ 나뭇잎의 움직임을 손가락으로 그려 본다.

- 나뭇잎이 어떻게 달아났나요? 우리도 따라 해 볼까요?

3. 여러 가지 방법으로 실물 나뭇잎을 탐색한다.

- 나뭇잎에서 어떤 냄새가 나나요? 만져 보니 느낌이 어떤가요?

4. 종이 나뭇잎 날리기를 한다.

- (종이 나뭇잎들을 모아 놓고) 여기 달아나기를 좋아하는 종이 나뭇잎들이 있어요. 나뭇잎 부채로 날려 볼까요?

5. 종이 나뭇잎으로 모양 만들기를 한다.

- 매트 밖으로 날아간 나뭇잎 중 다섯 장을 골라 볼까요?
- 다섯 장의 나뭇잎으로 무얼 만들 수 있을까요?

6. 활동을 회상하며 마무리한다.

- 여러 가지 나뭇잎도 보고 놀이도 해 보았는데, 무엇이 가장 재미있었나요?

수업메모

- 본 수업 전후에 실외로 나가 나뭇잎을 직접 탐색해 보면 더욱 바람직하다.
- 확장활동으로 '나뭇잎 되어보기' 신체표현 활동을 할 수 있다.

함께 보면 좋은 책

『수수바의 가을바람 불어라』 조미자 글 · 그림, 핑거, 2023

꼬마 단추 푸치

유아 책 35

『꼬마 단추 푸치』

아사노 마스미 글, 아라이 료지 그림. 고향옥 옮김. 살림어린이. 2013

* **활 동 명** 단추랑 놀아요!
* **활동대상** 만 5세
* **활동목표**
  - 단추를 다양한 기준에 따라 분류해 본다.
  - 단추 놀이 교구를 이용한 패턴 만들기 놀이를 즐긴다.
* **활동자료** 그림책, 단추 달린 옷, 단추 놀이 교구(유아 수만큼-바탕판, 펠트 옷본, 펠트 단추)
* **활동방법**

1. 교사의 옷에 있는 단추를 탐색한다.

- 선생님이 옷을 샀는데 입어 볼게요.
- (단추 하나를 밀려서 끼우며) 단춧구멍이 모자라네요. 왜 그럴까요?

2. 각자 자신의 옷에 있는 단추(모양, 색깔, 구멍수 등)를 탐색한다.

- 옷에 어떤 단추가 있는지 찾아볼까요?

3. 그림책을 감상한다.

❶ 표지를 탐색한다.

- 그림 속에서 푸치를 찾아볼까요?

❷ 바탕글을 대사로 바꾸어 생동감 있게 읽는다.

- 에리는 아직 어려서 조그만 단추 끼우는 걸 어려워해. 내가 도와줘야지. 영차!

❸ 다음 장면을 예측해 본다.

- 그다음에 푸치는 어떻게 되었을까요?

4. 펠트 단추를 다양한 기준으로 분류해 본다.

❶ 펠트 단추 6개와 바탕판을 나누어 갖는다.

❷ 펠트 판 위에 펠트 단추를 올려놓고 분류하기 놀이를 한다.

- 같은 색 단추끼리 모아 볼까요?
- 같은 모양 단추끼리 모아 볼까요?

5. 펠트 단추를 이용해 옷본 위에 패턴을 만들어 본다.

- 선생님이 이 옷 위에 어떤 규칙대로 단추를 놓았을까요?
- 내가 꾸민 옷의 단추는 어떤 규칙이 있는지 소개해 볼까요?

6. 활동을 회상하고 평가한다.

- 단추를 모양이나 색깔끼리 모아 보았는데, 혹시 다른 방법으로 모아 볼 수 있을까요?
- 우리가 만든 패턴 중에서 가장 재미있는 것은 무엇이었나요?

수업메모

- 각자 단추를 모으는 기준을 정해 친구들과 단추 바꾸기 놀이를 할 수 있다. 이에 대비하여 교사는 다양한 종류의 펠트 단추를 여분으로 준비한다.
- 실물 단추를 활용하여 탐색 놀이로 확장할 수 있다.

함께 보면 좋은 책

『단추가 좋아』 레베카 영 글, 수 드젠나로 그림, 김서정 옮김, 봄봄, 2012

유아 책 **36**

『봉구야, 목욕하자!』

이송은 글, 김경희·나성길 인형. 동심. 2009

* **활 동 명** '봉구야, 목욕하자!' 극놀이

* **활동대상** 만 5세

* **활동목표**

- 그림책 등장인물의 특징을 탐색한다.
- 극놀이를 통해 이야기를 표현하는 과정을 즐긴다.

* **활동자료** 그림책, 동요 음원('목욕하세'), 등장인물 주제 음원, 그림책 속 등장인물 컷 목걸이(또는 머리띠)

* **활동방법**

1. 그림책 표지를 탐색한다.

- 친구가 무엇을 하고 있나요?

2. 그림책을 감상한다.

❶ 등장인물의 특징을 살려 구연한다.

- (목욕통: 굵은 아저씨 목소리로) **봉구야, 봉구야, 왜 목욕을 안 하니?**
- (귀이개: 통통 튀는 소녀 목소리로) **봉구야, 봉구야, 왜 목욕을 안 하니?**

❷ 장면의 상황을 살려 실감 나게 읽는다.

(예: '**뜨거운 물은 으으 숨 막혀**' 숨이 막힌다는 표정으로 목소리의 소리에 변화를 준다.)

❸ 반복되는 구절을 함께 읽는다.

- 봉구야, 봉구야, 왜 목욕을 안 하니?

3. 주제 음원을 들으며 등장인물들의 움직임을 몸으로 표현해 본다.

- (음원을 들으며) 이 음악은 등장인물 중 누구에게 어울릴까요?
- 음악에 맞춰 움직여 볼까요?

4. 역할을 나누고 이야기 극놀이를 한다.

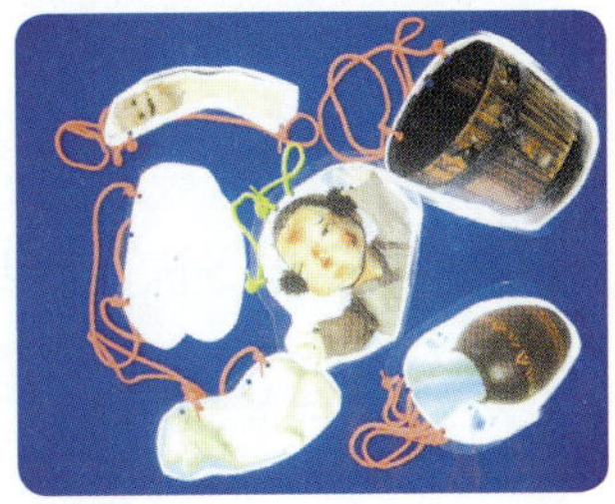

❶ 극놀이 역할을 나누고 역할 목걸이를 나눠 갖는다.

❷ 음원을 이야기 사이사이에 넣어 극놀이를 한다.

❸ 극놀이 마지막 부분에는 '목욕하세' 동요 음원에 맞춰 동작과 함께 노래를 부른다.

- 이제 드디어 봉구가 목욕을 하기로 했대요. 우리 봉구, 목욕하세!

♬ 목욕하세 목욕해 퉁퉁퉁퉁~ <중략> 닦아 주세 닦아 주세 감기 들라 수건으로 휘리릭휘리릭.

5. 활동을 회상하며 평가한다.

- 음악과 함께 등장인물을 표현해 보니 어땠나요?
- 극놀이를 해 보니 무엇이 가장 재미있었나요?

수업메모

- 교사는 해설자가 되어 이야기의 흐름을 이끌어 가고, 보조교사가 없는 경우에는 교사가 해설과 봉구 역할을 겸한다.
- 확장 활동을 통해, 그림책에 등장하는 물건들을 중심으로 현재와 과거에 사용한 물건 들을 비교해 볼 수 있다.
- '봉구야 목욕하자' 관련 음원 문의
동화가있는집 연구소 www.leestoryhouse.com ☎ 02-2632-1582

함께 보면 좋은 책

『개구쟁이 해리: 목욕은 정말 싫어요』 G. 자이언 글, M. 그래엄 그림, 임정재 옮김, 사파리, 2022

유아 책 **37**

『아기 오리 열두 마리는 너무 많아!』

채인선 글, 유승하 그림. 길벗어린이. 2007

*** 활 동 명** 아기 오리 모여라!

*** 활동대상** 만 5세

*** 활동목표**

- 그림책 내용을 바탕으로 수 가르기를 경험한다.
- 등장인물의 특징에 어울리는 이름을 창의적으로 표현해 본다.

*** 활동자료** 그림책, 융판과 오리 그림컷(교사용 및 유아용), 동요 음원('오리가 여섯'), 소고, 이름 짓기 활동지

*** 활동방법**

1. 수수께끼와 노래로 주인공을 만나본다.

- 난 날개가 있어요. 물에서 헤엄치기를 좋아해요.

♬ 오리가 여섯 있었죠~

2. 그림책을 감상한다.

❶ 그림책의 표지를 탐색한다.

- (제목을 가리고) 오리들이 모두 몇 마리인지 세어 볼까요?

❷ 등장인물의 상황과 특징을 살려 읽는다.

- (알에서 깨어나 처음 열두 마리가 등장하여 소란 피우는 부분) 그래도 많은 건 많은 거예요. 어머! 내 등 위에 누가 올라간 거지? 에구구 장난치지 말고 내려와!

❸ 반복되는 문장을 강조하며, 노래하듯이 읽는다.

♬ 걸음 연습할 때도 여섯 마리로, 물놀이 갈 때도 여섯 마리로~

3. 책 속의 내용을 바탕으로 오리 그림 컷을 이용해 가르기를 해 본다.

- 아기 오리 열두 마리를 네 줄로 세워 보아요. 어떻게 하면 될까요?

4. 수 가르기 신체 놀이를 해 본다.

- (음악에 맞춰 움직이다가 교사가 '두 명' 외치면 두 명씩 모인다.) 조금 전에는 열두 명이었는데 이제는 여섯 명으로 보이네요.

5. 열두 마리 오리의 이름을 지어 본다.

- 오리에게 어울리는 이름을 지어 볼까요?

6. 활동을 회상하며 평가한다.

- 가르기 놀이를 하면서 어려운 점은 없었나요?
- 우리가 지어 준 오리 이름 중 가장 재미있는 이름은 무엇이었나요?

수업메모

- 연령이 어린 유아들에게 나누기는 쉽지 않은 개념이다. 오리 컷으로 줄 세우기(수 가르기) 활동을 할 경우, 교사가 먼저 보여 주거나, 유아 전체가 대집단으로 차례대로 이동하며 가르기 과정을 경험할 수 있도록 한다. 동화 감상 역시 어린 유아는 융판을 이용한 읽기 등 교구 활용 비중을 높인다.
- 줄 서기 신체놀이를 하려면 적어도 10명 이상의 유아가 있을 경우에 적합하다. 만일 5명 이하의 유아들과 활동을 할 경우, 투명 컵을 활용하여 컵을 포개는 놀이로도 할 수 있다.

함께 보면 좋은 책

『자꾸자꾸 초인종이 울리네』 팻 허친즈 글 · 그림, 신형건 옮김, 보물창고, 2006

유아 책 38

『마녀 위니의 크리스마스 대소동』

밸러리 토머스 글, 코키 폴 그림. 노은정 옮김. 비룡소. 2016

*** 활 동 명** 깜짝선물 나와라!

*** 활동대상** 만 5세

*** 활동목표**

- 크리스마스에 대해 관심을 가진다.
- 크리스마스에 받고 싶은 선물을 그림으로 자유롭게 표현한다.

*** 활동자료** 그림책, 캐럴 음원, 도화지(유아 수만큼-A4 사이즈의 1/2 크기), 색연필, 사인펜, 선물 그림틀(유아 수만큼)

*** 활동방법**

1. 크리스마스에 받고 싶은 선물을 그려 본다.

❶ 크리스마스에 대해 이야기를 나눈다.

- 크리스마스 하면 무엇이 떠오르나요?

❷ 크리스마스에 받고 싶은 선물을 그려 본다.

2. 그림책을 감상한다.

❶ 표지를 탐색한다.

- 누가 있나요?

❷ 캐럴 음악을 곁들여 읽는다. (예: 크리스마스 준비하는 장면)

❸ 뒷이야기를 예측해 본다.

- 우당탕! 무슨 소리일까요?

❹ 그림책 내용을 회상하며 이야기를 나눈다.

- 윌버는 어떤 선물을 받았나요?

3. 요술 크리스마스 선물을 만나 본다.

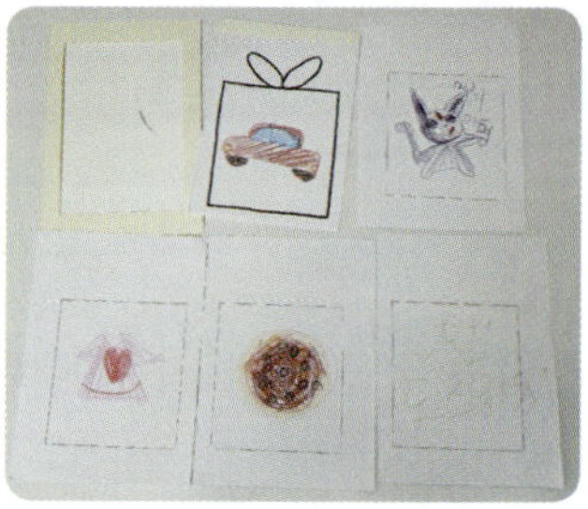

❶ 요술 상자 속에 있는 깜짝선물을 꺼낸다.

- 이 안에는 어떤 선물들이 들어 있을까요?

❷ 자신의 선물 그림을 친구들에게 소개한다.

4. 활동을 회상하고 평가한다.

- 오늘 무엇이 가장 재미있었나요?
- 여러 가지 선물 중에서 무엇이 가장 기억에 남나요?

수업메모

- 2차시로 진행되는 수업에서는 1차시에 그림 그리기 활동을 하고, 2차시에는 1차시에 그린 그림을 교사가 '선물 그림틀' 교구에 붙여 준비한다.
- 한 차시로 수업하는 경우 그림 그리기를 한 후 '선물 그림틀' 교구에 붙이는 시간이 필요하므로 보조교사의 도움을 받거나, 쉬는 시간을 이용해 준비한다.

함께 보면 좋은 책

『크리스마스의 마법』 데이비드 리치필드 글 · 그림, 홍연미 옮김, 재능교육, 2022

『크리스마스 선물』 존 버닝햄 글 · 그림, 이주령 옮김, 시공주니어, 2023

유아 책 39

『자꾸자꾸 초인종이 울리네』

팻 허친즈 글·그림. 신형건 옮김. 보물창고. 2006

*** 활 동 명** 쿠키를 나누어요

*** 활동대상** 만 5세

*** 활동목표**

- 놀이를 통해 수 가르기를 경험한다.
- 모양 조각을 이용해 다양한 조형 놀이를 즐긴다.

*** 활동자료** 그림책, 상자, '쿠키 나누기' 교구(유아 수만큼-쿠키 모양 펠트 컷, 동그라미 · 세모 · 네모 펠트 컷, 바탕판), 종이접시

*** 활동방법**

1. 상황극을 통해 초인종이 울리는 상황을 만나본다.

- "딩동딩동" 어? 초인종이 울리네요. 누굴까요?

2. 그림책을 감상한다.

❶ 앞표지를 탐색한다.

- 친구들이 많이 있어요. 무엇을 하고 있나요?

❷ 뒷이야기를 예측해 본다.

- "딩동딩동" 누가 왔을까요?

❸ 수 세기와 수 가르기를 함께 해 본다.

- 식탁에 앉은 친구들이 몇 명인지 세어 볼까요? 한 사람이 몇 개씩 먹으면 될까요?

3. '쿠키를 나누어요' 놀이를 한다.

❶ 전체 유아 수대로 쿠키를 나누어 본다.

- (쿠키 모양 펠트 컷을 제시하며) 딩동딩동! 선생님이 쿠키를 가져왔어요. 우리도 똑같이 나눠 볼까요?

❷ 유아의 수를 늘려가며 쿠키 나누기를 한다.

- 누구를 초대해 볼까요?
- (접시를 추가된 손님 수만큼 내놓으며) 몇 개씩 나누면 좋을까요?

4. 도형 모양 펠트 컷과 쿠키 모양 펠트 컷으로 조형놀이를 한다.

- 알록달록 여러 가지 모양의 접시에 쿠키를 재미있게 담아 볼까요?

♬ 쿠키 하나, 쿠키 하나, 무엇이 될까? 무엇이 될까?

5. 활동을 회상하고 평가한다.

- 쿠키를 똑같은 개수로 나누기 위해 어떻게 했나요?
- 여러 가지 도형과 쿠키로 모양 만들기를 했는데, 무엇이 가장 재미있었나요?

함께 보면 좋은 책

『자꾸자꾸 시계가 많아지네』 팻 허친즈 글 · 그림, 신형건 옮김, 보물창고, 2007

유아 책 **40**

『이야기 이야기』

게일 헤일리 글·그림. 엄혜숙 옮김. 보림. 2007

*** 활 동 명** 이야기 이야기

*** 활동대상** 만 5세

*** 활동목표**

- 아프리카 이야기에 관심을 가진다.
- 자신이 좋아하는 이야기를 말해 본다.
- 신체를 움직여 등장인물을 자유롭게 표현한다.

*** 활동자료** 그림책

*** 활동방법**

1. **아프리카에 대해 생각나는 것을 이야기 나눈다.**
   - '아프리카' 하면 무엇이 생각나나요?
   - 아프리카에 이야기가 있다면, 어떤 이야기가 있을까요?

2. **그림책을 감상한다.**

   ❶ 그림책 표지를 탐색한다.
   - 왜 제목이 '이야기 이야기'일까요?

   ❷ 줄거리 위주로 각색하여 실감 나게 들려준다.
   - 옛날 아프리카에 아난스 할아버지가 살았어요. 할아버지는 거미줄도 잘 짜고 아이들을 무척 사랑했지요. 어느 날 아이들이 할아버지에게 졸랐어요. 〈중략〉 그때부터 이 세상에는 재미있는 이야기가 흩어지게 되었대요.

3. 이야기 속 등장인물을 몸으로 표현해 본다.

- 아프리카 이야기에 누가 나왔었나요?
- 문제를 내는 친구는 몸으로만 표현해요. 나머지 친구들은 친구의 움직임을 보고 누구인지 맞히는 거예요.
- 무엇을 표현한 걸까요? 어떻게 알 수 있었나요?

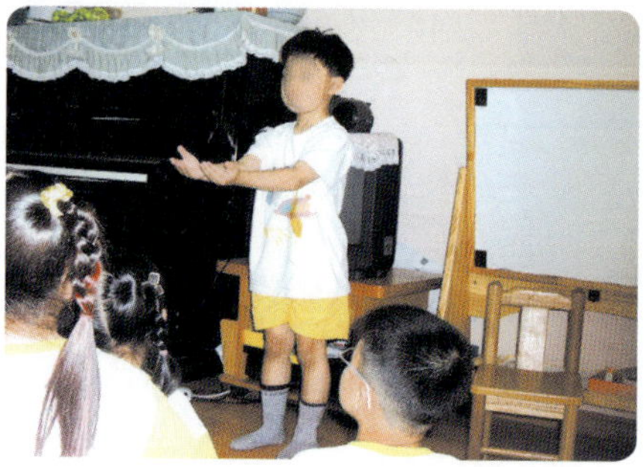

4. 자신이 좋아하는 이야기를 간단히 말해 본다.

- 아난스 할아버지가 오실 거예요. 할아버지를 큰 소리로 불러 볼까요?
  아난스 할아버지~ 아난스 할아버지~
- 얘들아, 여기가 OO(기관 이름) 맞나요? 지금부터 이야기를 나눠 줄 테니 잘 받도록 해요.
- 할아버지가 이야기를 던질 거예요. 하나, 둘, 셋, 으샤!
- 넌 무슨 이야기 받았니?

5. 활동 과정을 회상하며 이전 생각과 비교해 본다.

- 아프리카의 이야기를 들어보았는데 느낌이 어땠나요?
- 이전 아프리카에 대한 생각과 달라진 점이 있나요?

확장활동

활동 1 **재미있는 아프리카 말 찾아보기**

* **활동자료** 그림책, 단어 카드
* **활동방법**

1. 그림책에서 궁금하거나 재미있는 아프리카 말을 찾아본다.

- 이야기에 나온 재미있는 아프리카 말을 찾아볼까요?

소라 소라 소라 / 트웨 트웨 트웨 / 위리디 위리디 위리디

2. 단어 카드를 보고 무슨 뜻일지 추측해 본다.

- (카드를 하나씩 제시하며) 무슨 말인 것 같아요?

수업메모

- 스토리텔링을 할 때 줄거리뿐만 아니라, 등장인물이 서로 이야기를 주고받는 대화체 방식으로 각색하여 생동감 있게 들려준다. (참조: 읽기유형 Ⅳ _ p.34)

함께 보면 좋은 책

『훨훨 간다』 권정생 글, 김용철 그림, 국민서관, 2003

『모기는 왜 귓가에서 앵앵거릴까?』 버나 알디마 글, 리오 딜런과 다이앤 딜런 그림, 김서정 옮김, 보림, 2019

유아 책 **41**

『크리스마스 선물』

존 버닝햄 글·그림. 이주령 옮김. 시공주니어. 2023

* **활 동 명** 선물 배달 대작전
* **활동대상** 만 5세
* **활동목표**
  - 신체를 움직여 여러 가지 탈것을 자유롭게 표현해 본다.
  - 선물 배달 놀이를 통해 나눔의 기쁨을 느낀다.
* **활동자료** 그림책, 야구모자, 그림책 속 교통기관 그림 컷, 활동지(유아 수만큼), 주머니(유아 수만큼), 사인펜
* **활동방법**

1. 수수께끼를 통해 산타할아버지를 알아본다.

- 겨울이 되면 더욱 바빠지는 사람이에요.
- 빨간색 옷을 입으시죠.

2. 그림책을 감상한다.

❶ 앞표지를 탐색한다.

- 산타할아버지가 무엇을 타고 있나요?

❷ 해설을 대사로 바꿔 생동감을 살리며 읽는다.

- **한참 푹 자고 나면 괜찮아질 거야.** (원문 : 산타할아버지는 한잠 푹 재우고 나면 괜찮아질 거라고 생각했지요.)

❸ 긴 글은 간결하게 각색하여 읽는다. (예: 6쪽, 7쪽의 긴 상황 설명 부분)

❹ 반복되는 구절을 강조하며 함께 읽는다.

❺ 동작을 곁들여 읽는다.

- 우리도 비행기를 타고 날아가 볼까요?

3. 그림책 속 주인공에게 줄 선물을 그림으로 표현한다.

- 만약 내가 산타라면 이 친구에게 어떤 선물을 주고 싶나요?

4. 여러 가지 교통기관을 몸으로 표현하고 선물을 배달해 본다.

❶ 각자 그린 선물 그림을 주머니에 넣는다.

❷ 교사의 해설에 따라 교통기관을 몸으로 표현해 본다.

- (야구모자를 쓰며) 자, 산타 여러분, 비행기가 이륙합니다. 붕~. 그런데 기상 상태가 나빠서 흔들립니다. <중략> 산타 여러분 수고하셨습니다. (야구 모자를 벗는다.)

5. 활동을 회상하며 평가한다.

- 여러 동작을 하며 선물 배달 놀이를 했는데, 어떤 동작이 가장 기억나나요?
- 놀이를 통해 친구에게 크리스마스 선물을 배달해 봤는데 기분이 어땠나요?

수업메모

- 본 수업에서는 야구모자가 역할 내 교사(teacher in role)로 들어갈 때와 나올 때 장치로 사용되었다. 이때 신호가 되는 장치에 대해 사전에 약속하는 것이 중요하다.
- 교통기관을 몸으로 표현할 때 내러티브 판토마임(narrative pantomime)기법을 활용한다.

함께 보면 좋은 책

『있잖아요, 산타 마을에서는요…』 가노 준코 글, 구로이 켄 그림, 고향옥 옮김, 길벗어린이, 1999

유아 책 **42**

『몽글몽글 따끔따끔』

이송은 글, 김동영 그림. 동심. 2009

*** 활 동 명** 표정놀이

*** 활동대상** 만 5세

*** 활동목표**

- 감정에 따라 다양한 얼굴 표정이 있음을 안다.
- 그림책 속 등장인물의 기분에 적합한 말을 찾아본다.

*** 활동자료** 그림책, 표지 그림 컷, 표정 카드, 기분 카드

*** 활동방법**

1. 표지 그림 컷(또는 주인공 막대인형)으로 그림책 속의 주인공을 만나 본다.

- (주인공 얼굴 그림을 보여 주며) 안녕, 난 다솜이라고 해. 내 기분이 어떤 것 같니? 나는 동생이 진짜 얄미워.

2. 그림책을 감상한다.

❶ 표지와 면지를 보며 등장인물의 기분을 추측해 본다.

- 이게 뭘까요? 무슨 일이 일어난 것 같나요?
- 다솜이 기분이 어떤 것 같나요?

❷ 그림책 장면 그림을 보며 주인공의 마음과 하고 싶은 말을 헤아려 본다.

- 왜 두 팔을 벌리고 있을까요?
- 다솜이가 무슨 말을 하고 싶을까요?

3. 주인공의 기분이 두드러지게 나타나는 장면 중심으로 그림책을 다시 감상한다.

#1) 다훈이는 엄마 뒤에 숨고 씩씩거리는 다솜이

#2) 다훈이만 안아 주는 할아버지, 할머니 뒤에서 손 벌리고 있는 다솜이

#3) 잠든 다훈이 옆에서 고민하는 다솜이

#4) 신나게 짜장면 먹는 다솜이

#5) 병실에서 다훈이를 보며 우는 다솜이

#6) 함께 그림 그리고 있는 다솜이와 다훈이

4. 설명을 듣고 여섯 개의 기분 카드에 해당하는 그림을 찾아본다.

- 다솜이 기분을 나타내는 설명을 잘 듣고, 어떤 그림인지 찾아볼까요?

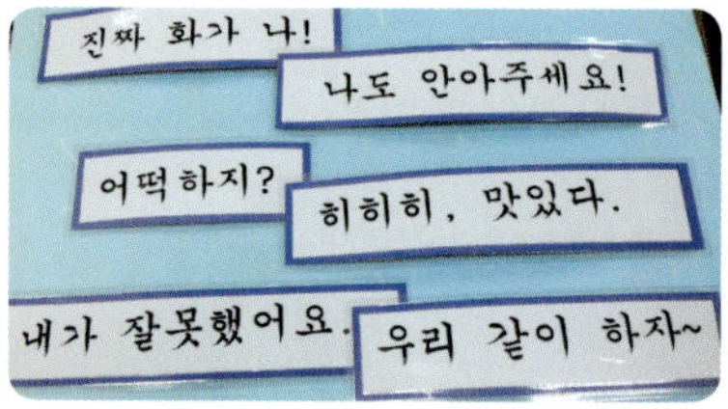

5. 여러 가지 기분을 나타내는 표현을 넣어 '웃는 얼굴 예쁜 얼굴' 동요를 개사해 불러 본다.

- 여러 가지 얼굴 표정과 기분으로 노래를 만들어 볼까요?
  (예: 웃는 얼굴- 하하/ 우는 얼굴- 흑흑)

6. 활동을 회상하며 평가한다.

수업메모

- 다솜이의 표정 6개로 표정 주사위를 만들어 보드게임을 할 수 있다.
  게임 방법 참조: 『유아문학교육의 이론과 실제』(이송은 저, 창지사, 2013), pp.214-217.

함께 보면 좋은 책

『내 동생 싸게 팔아요』 임정자 글, 김영수 그림, 아이세움, 2006

제 3 장 초등 아동을 위한 책놀이

초등 책 1

『깜박깜박 도깨비』

권문희 글·그림, 사계절, 2014

* **활 동 명** 깜박깜박! 맞아 맞아!

* **활동대상** 초등 저

* **활동목표**
  - 인물의 모습, 행동, 마음을 상상하며 줄거리를 이해한다.
  - 책 속에 나온 어휘에 대해 관심과 흥미를 가진다.

* **활동자료** 그림책, 메모리 게임용 단어 카드, 융판

* **활동방법**

1. 책 표지를 탐색하며 '깜박깜박'의 의미를 알아본다.

- '깜박깜박'이 무슨 뜻일까요?

2. 그림책을 감상한다.

❶ 면지 그림을 탐색한다.

- 별이 깜박깜박 빛나고 있네요.

❷ 반복되는 구절은 함께 소리 내어 읽는다.

- 어라? 얘 좀 봐. 어제 꿨는데 어떻게 어제 갚아?

3. 깜박한 경험에 대하여 이야기를 나눈다.

- 우리 친구들도 깜박한 적이 있나요?

4. '깜박깜박! 맞아 맞아!' 메모리 게임을 한다.

❶ 책 속의 단어를 적은 메모리 카드를 준비한다.

- '헤프다'는 무슨 뜻일까요?

❷ 카드 뒷면에 일련번호를 적고 융판에 가지런히 붙인다.

❸ 아동이 차례로, 동시에 두 개의 번호를 부르고 카드를 뒤집는다.

❹ 동일한 카드가 나오면 다 같이 '쿵짝, 맞아! 맞아!' 박수를 치고 해당 아동이 카드를 가져간다.

❺ 두 카드가 서로 다르면 다 같이 '쿵짝, 깜박! 깜박!' 박수를 치고 카드를 원래대로 엎어놓는다.

5. 활동을 정리하고 평가한다.

- 도깨비나 주인공 아이의 모습 중 가장 기억에 남는 부분은 어떤 것인가요?
- 오늘 새롭게 알게 된 단어가 있나요?

수업메모

- 단어 대신 모둠별로 참여 아동의 이름을 2개씩 적어서 이름 익히기 활동으로 활용할 수 있다.

함께 보면 좋은 책

『숲으로 간 도깨비』 김성범 글, 한병호 그림, 품, 2019

초등 책 **2**

신통방통 세 가지 말

『신통방통 세 가지 말』

김경희 글·그림. 웅진주니어. 2012

* **활 동 명** 흔들흔들, 신통방통!

* **활동대상** 초등 저

* **활동목표**
  - 함께 소리 내어 읽고 움직이면서 우리 옛이야기의 흥겨움을 느끼고 표현할 수 있다.
  - 움직임을 나타내는 말을 소리와 동작으로 표현해 보며 말의 재미와 즐거움을 느낀다.

* **활동자료** 그림책

* **활동방법**

1. 그림책 표지를 탐색한다.

- (제목을 가린 채) 여기 누가 보이나요?
- 할아버지의 손가락 세 개가 무엇을 뜻하는 걸까요?

2. 그림책을 감상한다.

❶ 면지를 탐색한다.

❷ 전래동화 특유의 입말을 살려서 운율감 있게 읽는다.

❸ 펼침면의 한쪽 면을 가리고 읽는다.

- (장면을 가리고) 한 고개 넘으니 까치가 둥지에서 떨어져 울고 있지 뭐야.

❹ 세 가지 신통방통한 말을 동작을 곁들여 리듬감 있게 함께 읽는다.

❺ 앞 장면으로 다시 돌아가 그림을 살펴본다.

- 도둑이 언제부터 따라왔는지 찾아볼까요?

❻ 뒤면지를 탐색한다.

- (뒤면지를 보여 주며) 이 사람이 누구일까요?

3. 책 속의 세 가지 동작을 몸으로 표현해 본다.

- 하나, 바람 불면 타지 마라.

4. 팀으로 나누어 제시하는 숫자에 해당하는 말과 동작을 표현한다.

5. 팀별로 움직임 말 주고받기 게임을 한다.

❶ 팀별로 움직임 말을 정하고 동작으로 만들어 본다.

❷ 팀별로 정한 움직임 말을 주고받기 게임을 한다.

- (A팀) 흔들흔들 엉금엉금 / (B팀) 엉금엉금 덩실덩실

6. 활동을 정리하고 평가한다.

- 함께 소리 내어 읽고 움직일 때 기분이 어땠어요?
- 팀으로 동작을 표현할 때, 어떤 부분이 가장 재미있었나요?

수업메모

- 팀별 동작 표현하기를 할 때, 숫자 제시하는 속도를 빨리하거나 말없이 동작만 표현하기 등을 추가하여 긴장감을 높일 수 있다.

함께 보면 좋은 책

『훨훨 간다』 권정생 글, 김용철 그림, 국민서관, 2003

초등 책 3

『털보 아저씨의 행복 우산』

이송은 글, 배욱찬 그림. 국민서관. 2024

* **활 동 명** 변해라! 둥근 선

* **활동대상** 초등 저

* **활동목표**
  - 동네의 모습을 관찰하고 함께 쓰는 장소와 시설물의 종류와 쓰임을 안다.
  - 둥근 선으로 친구와 협동하여 모양이나 장면을 표현할 수 있다.
  - 둥근 선으로 모양 만들기를 통해 다양성의 가치를 안다.

* **활동자료** 그림책, 빨간 둥근 선이 그려진 손 코팅지 조각(아동수의 2배), 흰 종이(아동 수만큼), 동네 풍경 사진 자료

* **활동방법**

1. 수수께끼로 우산을 맞혀 본다.

- 두 글자예요. 날씨와 관련 있어요. 사람들이 잃어버리는 경우가 많아요.

2. 그림책을 감상한다.

❶ 표지를 탐색한다.

- 행복 우산이 어떤 우산일까요?

❷ 그림책 속 문장의 의미를 생각해 본다.

- 한 달 동안 열두 개의 우산을 육십 번쯤 빌려줬다는 것이 무슨 뜻일까요?

3. 그림책 및 동네 사진에서 둥근 선을 찾아본다.

- 그림책의 장면마다 같은 그림을 찾아볼까요?
- (동네 건물 및 조형물 사진을 제시하며) 이곳은 어디일까요? 둥근 선이 어디 있는지 찾아볼까요?

4. 손코팅 필름으로 만든 둥근 선으로 여러 가지 모양을 만들어 본다.

- 둥근 선 2개로 무엇을 만들 수 있을까요?
- 친구와 둘이서 4개로 만들어 볼까요?

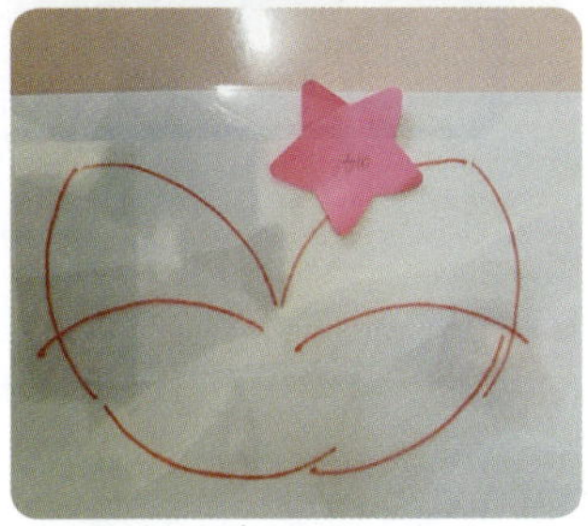

5. 활동을 정리하고 평가한다.

- 우리 동네에 대해 새롭게 발견한 것이 있나요?
- 둥근 선으로 표현한 것 중에서 가장 기억에 남는 모양은 무엇인가요?
- 둥근 선 2개를 주었는데 만약 모두 똑같은 것만 만들었다면 어땠을까요?

수업메모

- 인성교육의 주요 요소인 '나눔'과 '배려'를 주제로 활동할 수도 있다.
- 수업 장소의 동네 사진 준비가 어려울 경우 일반적으로 함께 쓰는 장소와 시설물의 사진으로 대체해도 된다.

함께 보면 좋은 책

『무지개 아줌마』 닐 그리피스 글, 주디스 블레이크 그림, 김진선 옮김, 이숲아이, 2021

초등 책 4

『모기 잡는 책』

진경 글·그림. 고래뱃속. 2019

＊활 동 명 모기를 잡아라!

＊활동대상 초등 저

＊활동목표

- 규칙을 지켜 게임에 즐겁게 참여할 수 있다.
- 모기를 쫓아내는 법을 알고, 생활 속에서 실천할 수 있다.

＊활동자료 그림책, 모기 관련 자료, 동요 음원('모기를 짝'), 뒤집기 카드(모기/책)

＊활동방법

1. 수수께끼로 모기를 맞혀 본다.

- 여름에 많이 볼 수 있어요. 밤에 나타나면 괴로워요.

2. 모기에 대한 경험을 이야기 나눈다.

- 모기를 본 적이 있나요?

3. 그림책을 감상한다.

❶ 그림책 표지를 탐색하며 제목을 추측해 본다.

- (제목을 부분적으로 가리고) 모기 잡는 무엇일까요?

❷ 그림 속 모기를 찾아본다.

- 모기는 지금 어디에 있을까요?

❸ 해설은 담담하면서도 긴장감 있게 읽는다.

4. 모기 퇴치법에 대해 알아본다.

- 모기에 안 물리려면 어떻게 해야 할까요?

5. 노래 가사를 동작으로 표현해 본다.

- 모기를 잡기 전에 우리도 준비체조를 해 볼까요?

♫ 살금살금 모기를 짝! 살금살금 모기를 짝! 모기를 잡자, 모기를 잡자 엥~ 짝!

6. '모기를 잡아라!' 게임을 한다.

❶ 모기 팀과 책 팀으로 나눈다.

❷ 뒤집기 카드를 바닥에 펼쳐 놓는다.

❸ 정해진 시간 동안 각 팀에 해당하는 그림이 보이도록 뒤집는다.

7. 활동을 정리하고 평가한다.

- 오늘 모기에 대해 새롭게 알게 된 것이 있나요?
- 집에 돌아가서 모기에 물리지 않기 위해 무엇을 할 수 있을까요?

함께 보면 좋은 책

『모기와 춤을』 하정산 글 · 그림, 봄개울, 2022

『여름밤의 불청객』 이갑규 글 · 그림, 제제의숲, 2024

초등 책 **5**

『움직이는 ㄱㄴㄷ』

이수지 글·그림. 길벗어린이. 2011

* **활 동 명** 글자 놀이

* **활동대상** 초등 저

* **활동목표**
  - 한글 자음의 이름과 소릿값을 알고 정확하게 발음할 수 있다.
  - 특정 자음이 들어간 단어를 찾아 쓰고 말할 수 있다.

* **활동자료** 그림책, 놀이판, 자음 카드, 접착 메모지, 연필, 주머니(혹은 바구니)

* **활동방법**

1. 친숙한 이름을 구성하는 글자를 탐색하며 이야기 나눈다.

- (이름을 제시하며) 이름 글자에 포함된 'ㄱ'이나 'ㄴ'을 뭐라고 부르는지 아나요?

2. 그림책을 감상한다.

❶ 표지를 탐색한다.

- ㄱㄴㄷ이 움직인대요. 어떻게 움직이는지 볼까요?

❷ 수수께끼 놀이처럼 그림책을 감상한다.

- (글자 부분을 가리고) 'ㄱ'을 새장에 어떻게 했나요?
- 'ㄱ'으로 시작하는 단어로 맞혀 보세요.

3. 자음 글자 놀이를 한다.

❶ 놀이판에서 자기 자리를 정한다.

❷ 단어 적을 메모지를 나눠 갖는다.

❸ 술래가 주머니에서 자음 카드 하나를 꺼내 크게 외친다.

❹ 술래가 반환점까지 달려갔다가 돌아오는 동안, 그 자음이 들어가는 단어를 메모지에 적어 자신의 칸에 붙인다.

❺ 술래가 도착하여 '만세'를 외치면, 모두 함께 손을 위로 올린다.

❻ 각자의 단어를 릴레이식으로 말해 본다.

♬ 기역, 기역이 들어가는 말 ~

4. 활동을 정리하고 평가한다.

- 오늘 자음 글자 놀이해 보았는데 가장 기억에 남는 단어가 있나요?

수업메모

- 문해 능력이 편차가 큰 경우, 활동의 난이도를 조절한다.
  예) 둘이서 짝을 지어 시작하기
- 각 자음으로 시작하는 단어가 들어간 짧은 문장을 지어 말하기로 확장할 수도 있다.

함께 보면 좋은 책

『어서 오세요! ㄱㄴㄷ 뷔페』 최경식 글·그림, 박정섭 곡, 위즈덤하우스, 2020

『요렇게 해 봐요: 내 몸으로 ㄱㄴㄷ』 김시영 글·그림, 마루벌, 2024

초등 책 **6**

『모두모두 꽃이야』

신형건 동시집·김지현 외 그림. 푸른책들. 2015

*** 활 동 명** ① 「30센티미터 자를 산 까닭」 놀이로 연작 동시 짓기

*** 활동대상** 초등 저

*** 활동목표**

- 자를 이용해 다양한 놀이를 할 수 있다.
- 재미있는 생각으로 시를 지을 수 있음을 경험한다.

*** 활동자료** 동시책, 30센티미터 자 1개, 띠지(아동 수만큼), 사인펜, 풀, 4절 색상지(모둠별로 1장씩)

*** 활동방법**

1. **30센티미터 자의 쓰임새에 대해 알아본다.**
   - 이게 무엇인가요?
   - 어떨 때 사용하나요?

2. **자를 이용하여 여러 가지 물체 변형 놀이를 한다.**
   - (먼저 시범을 보이며) 선생님은 오늘 이 자를 다르게 써 볼 거예요. 설명 없이 몸으로만 보여 주면 우리 친구들이 맞혀 볼까요?

3. **동시를 함께 소리 내어 읽는다.**
   - 30센티미터 자를 산 까닭, 신 형 건, 가려운 등을 긁을 수 있지 <중략> 분명히 있을 텐데…… 뭐지? 뭐지?…… 뭘까?

4. 시의 뒷부분을 후렴구로 해서 말로 연작시를 지어 본다.

- 그리고 또 뭐가 있더라, 분명히 있을 텐데, 뭐지, 뭐지, 뭘까? 지팡이 놀이를 할 수 있지. (다 같이) *뭐지, 뭐지, 뭘까?*

5. 개별 또는 모둠 연작시를 쓰고 게시한다.

- 이번엔 우리가 말로 했던 것을 종이에 써 볼까요?

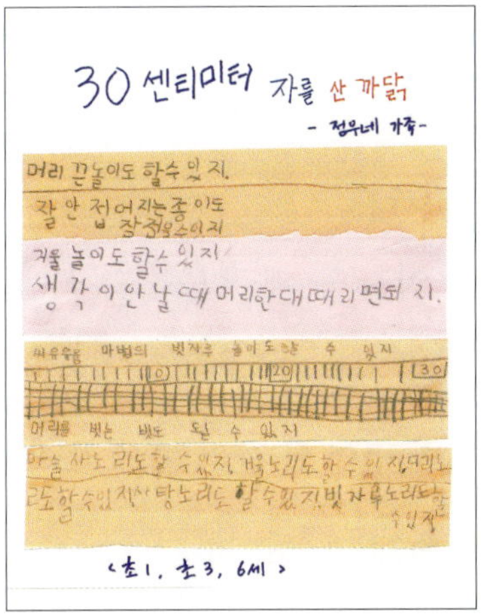

6. 활동을 정리하고 평가한다.

- 30센티미터 자가 여러 가지로 변신했는데 어떤 게 가장 기억에 남나요?
- 오늘 놀이하고 동시도 읽고 동시 짓기도 했는데 새롭게 알게 된 게 있나요?

수업메모

- 물체 변형 놀이 시, 표현이 금방 나오지 않을 경우 부담을 주지 않도록, '패스'라고 말할 수 있고 생각날 때 기회를 다시 가질 수 있도록 한다.

* **활 동 명 ②** 「잠꼬대」 동시 재구성하기

* **활동대상** 초등 저

* **활동목표**
  - 자신의 속마음을 이야기할 수 있다.
  - 주어진 동시에 자신의 생각을 덧붙여 동시를 완성할 수 있다.

* **활동자료** 동시책, 동시판, 활동지(아동 수만큼), 필기도구

* **활동방법**

1. '잠꼬대'의 의미를 알아본다.

- 잠꼬대가 무슨 말인지 아나요? 왜 제목을 '잠꼬대'라고 붙였을까요?

2. 동시 '잠꼬대'를 낭송한다.

- (동시판을 보며) 우리 한 명이 한 줄씩 큰 소리로 읽어 볼까요?

3. 시의 내용을 자신의 경험에 비추어 이야기해 본다.

- 이 시에서처럼 나는 좋아하는데 어른들이 싫어하는 게 있나요?

4. 활동지를 이용해 동시를 재구성한다.

- 조금 전에 우리가 했던 이야기로 동시 짓기를 해 볼 텐데, 빈칸에 자신의 생각을 적어 볼까요?

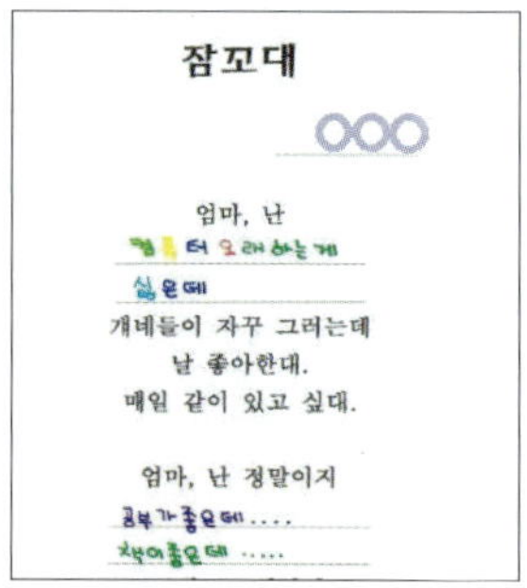
잠꼬대

OOO

엄마, 난

싫은데

개네들이 자꾸 그러는데
날 좋아한대.
매일 같이 있고 싶대.

엄마, 난 정말이지
공부가 좋은데....
책이 좋은데 .....

5. 자신이 지은 동시를 큰 소리로 낭송한다.

6. 활동을 회상하며 평가한다.

- '잠꼬대'로 시를 써 보았는데 제일 기억에 남는 것은 무엇인가요?
- 시를 쓰고 읽으면서 어떤 기분이 들었나요?

함께 보면 좋은 책

『아니, 방귀 뽕나무』 김은영 글, 정성화 그림, 사계절, 2015

초등 책 7

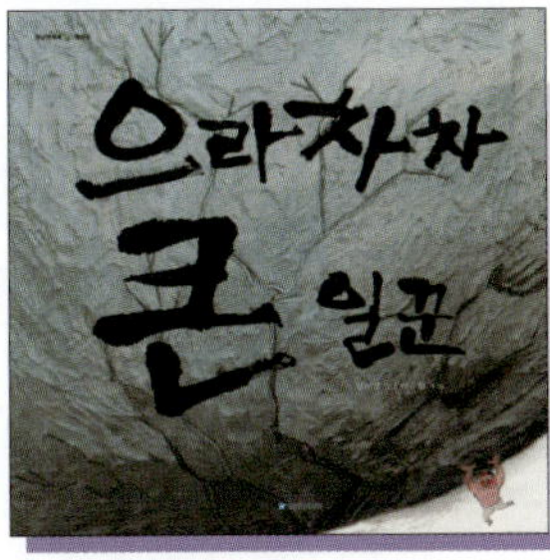

『으라차차 큰 일꾼』

정해왕 글, 이승현 그림. 국민서관. 2015

* **활 동 명** 으라차차, 큰 일꾼!

* **활동대상** 초등 저

* **활동목표**
  - 나의 장점을 알고 글로 표현할 수 있다.

* **활동자료** 그림책, 새싹 모양 종이(아동 수만큼), 황토색 8절 색지, 필기도구

* **활동방법**

1. **'일꾼'에 대해 이야기를 나눈다.**
   - 일꾼이란 말을 들어 본 적이 있나요?

2. **그림책을 감상한다.**

   ❶ 그림책 표지를 탐색한다.
   - '으라차차!'라는 말은 어떨 때 사용할까요?

   ❷ 면지의 그림을 탐색한다.

   ❸ 그림책 속 상황을 주고받으며 읽는다.
   - 씨름판에서 총각이 힘이 나도록 응원해 볼까요?

   ❹ 순화된 표현으로 각색하여 읽는다.

   ❺ 뒤면지와 앞면지 그림을 비교해 본다.

3. 그림책 내용을 회상하며 OX 퀴즈를 한다.

- 총각은 원래 부지런히 농사일을 하였다. (○, ×)

4. '나도 큰 일꾼!' 새싹 심기를 한다.

❶ 자신이 할 수 있는, 작지만 소중한 일들을 새싹 모양 종이에 적어 본다.

❷ 황토색 색지에 새싹을 붙인다.

❸ 모둠별로 나와서 차례대로 자기의 새싹을 발표하고 모두가 소리 내어 함께 말한다.

- 머리 잘 묶는 김예나, 으라차차! 큰 일꾼!

❹ 각 모둠이 완성한 색지를 모아서 전시한다.

5. 활동을 정리하고 평가한다.

- 다시 생각하거나 발견한 나의 장점이 있나요?
- 나의 작은 장점을 친구들이 격려해 주었을 때 기분이 어땠나요?

수업메모

- 자신이 잘하는 것을 몸으로 표현하고, 다른 아동들이 그것을 맞혀 보는 것도 즐거운 발표 방법이 될 수 있다.

함께 보면 좋은 책

『채소밭 농부』 지모 아바디아 글·그림, 엄혜숙 옮김, 해와나무, 2021

『아모스 할아버지가 아픈 날』 필립 C. 스테드 글, 에린 E. 스테드 그림, 강무홍 옮김, 주니어RHK, 2021

초등 책 8

『999마리 개구리 형제의 이사 대소동』

키무라 켄 글, 무라카미 야스나리 그림. 정희수 옮김. 노란우산. 2020

* **활 동 명** 손잡고 이사 가요

* **활동대상** 초등 저

* **활동목표**
  - 개구리의 움직임을 몸으로 표현하고, 활발하게 움직이는 놀이를 할 수 있다.
  - 여럿이 하는 활동에 관심을 갖고 자발적으로 협력할 수 있다.

* **활동자료** 그림책, 개구리 관련 동요 음원('개구리', '올챙이와 개구리'), 원마커 (아동수보다 넉넉하게), 소고

* **활동방법**

1. 수수께끼를 통해 오늘의 주인공을 만나 본다.

- 나는 누구일까요?
- 봄이 오길 기다려요. 태어날 때 모습과 자란 후의 모습이 많이 달라요.

2. 개구리 노래를 같이 불러본다.

3. 그림책을 감상한다.

❶ 표지를 탐색한다.

- 개구리들이 몇 마리나 있을 것 같나요?
- 만약에 우리 교실에 사람들이 999명이 있다면 어떨까요?

❷ 그림을 단서로 이야기를 나눈다.
- 연못 안에 있는 올챙이를 살펴볼까요? 모습이 어떤가요?
- 개구리 형제들이 왜 한쪽으로만 갈까요?
- 개구리 형제들이 영차영차 끌고 오는 것이 무엇일까요?

❸ 뒷이야기를 예측해 본다.
- 솔개가 아빠를 덥석 잡았어요. 엄마 개구리가 보고 있어요. 어떤 일이 벌어졌을까요?

4. '개구리 이사 대소동' 놀이를 한다.

❶ 개구리 이사 놀이 시 안전을 위한 유의점에 대해 알아본다.

❷ 원마커를 바닥에 펼쳐 놓고 개구리처럼 뛰어본다.

❸ '개구리' 노래를 들으며 자유롭게 움직이다가 음악이 멈추면 정지한다.

❹ 교사가 솔개가 되어 아이 한 명의 한쪽 손을 잡는다.
- (소고를 두드리며) 솔개다!

❺ 잡힌 아이의 남은 손을 다른 아이가 잡아 아이들끼리 모두 연결해 본다.

❻ 손을 모두 연결하면 '이사 성공!'을 외친다.

5. 활동을 정리하고 평가한다.

- 개구리가 되어서 놀이 했는데 무엇이 가장 재미있었나요?
- 개구리 이사 대소동 놀이에서 '이사 성공'을 하기 위해서 무엇이 필요했나요?

수업메모

- 소외당하는 아이가 없도록 모두 다 같이 손을 잡아 성공하도록 격려한다.
- 아이들도 솔개가 되어 놀이를 해 보거나, '이사 한 걸음' 놀이로 확장할 수 있다.

함께 보면 좋은 책

『14마리의 이사하기』 이와무라 카즈오 글 · 그림, 박지석 옮김, 진선아이, 2022

초등 책 9

『꿈쩍도 안 할 거야』

오쓰카 겐타 글, 시바타 케이코 그림. 황진희 옮김. 길벗어린이. 2023

*** 활 동 명** 파밧! 이거야!

*** 활동대상** 초등 저

*** 활동목표**

- 내가 하고 싶은 것에 대해 생각해 보고, 말로 표현할 수 있다.
- 여럿이 함께하는 활동에 호기심을 가지고 도전할 수 있다

*** 활동자료** 그림책, 사진 자료, 원마커, 라벨지, 무지카드, 사인펜

*** 활동방법**

1. 넓적부리 황새에 대해 알아본다.

- 세상에서 제일 큰 새입니다. 이 새는 사람보다 크대요. 머리가 선생님보다 커요. 심지어 악어도 먹는대요.
- (사진을 보이며) 이 새가 넓적부리 황새예요.

2. 그림책을 감상한다.

❶ 그림책 표지를 탐색한다.

- 표정이 어떤가요?

❷ 그림을 부분적으로 가리며 읽는다.

- (다음 장면에 나오는 동물을 가린 채) 꿈쩍도 하지 않습니다.

❸ 반복되는 구절을 함께 읽는다.

3. '불고기? 물고기!' 놀이를 한다.

❶ 원마커 위에 선다.

❷ 술래가 '물고기'라고 하면 자리에서 한발 옆으로, '물고기'라고 하면 다시 제자리로 돌아온다.

❸ 불고기나 다른 단어를 이야기할 때 움직이면 제자리에 앉는다.

4. '파밧! 이거야!' 게임을 한다.

❶ 나를 움직이게 하는 것에 대해 이야기를 나눈다.
- 나를 벌떡 일어나게 하는 것은 뭐가 있을까요?

❷ 라벨지에 내가 정한 단어 하나를 적는다.

❸ 무지카드에 라벨지를 붙인다.

❹ 카드를 가운데에 놓고 번갈아 가면서 뒤집는다.

❺ 내가 적은 단어가 나오면 단어를 외치고 카드를 빨리 가져간다.

❻ 카드를 가장 많이 가진 친구가 이긴다.

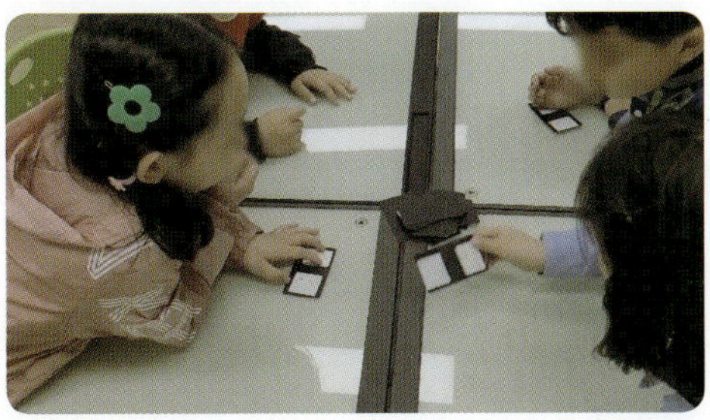

5. 활동을 정리하고 평가한다.

- 친구들이 이야기한 것 중 인상 깊었던 '하고 싶은 일'은 무엇인가요?
- 게임을 할 때 어려운 점은 없었나요?

수업메모

- 카드를 뒤집어 놓는 위치를 정해 놓는다.
- '파밧 이거야' 게임 시 라벨지는 한 모둠당 4인 기준 1인당 14개씩 준다.

함께 보면 좋은 책

『오리는 책만 보고』 이은경 글, 그림, 보림, 2024

초등 책 10

오늘은 수영하는 날

『오늘은 수영하는 날』

크리스틴 나우만 빌맹 글, 엘레노르 튀이에 그림.
이정주 옮김. JEI재능교육. 2014

*** 활 동 명** 용기 킹! (용기란 무엇인가?)

*** 활동대상** 초등 저

*** 활동목표**

- 책을 읽고 등장인물의 처지와 마음을 짐작할 수 있다.
- 용기에 대한 자신의 생각을 문장으로 표현할 수 있다.

*** 활동자료** 그림책, 택배 상자, 편지, 초인종, 등장인물 그림 컷, 활동지(용기 킹!-아동 수만큼)

*** 활동방법**

1. 겉모습으로 용기 킹을 추측해 본다.

- 딩동! 택배가 왔네요. 열어 볼까요?
- 누가 가장 용기 있는 용기 킹일 것 같나요?

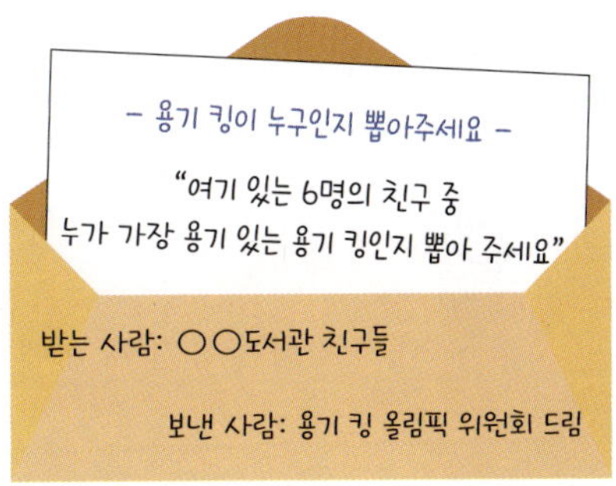

2. 그림책을 감상한다.

❶ 표지 그림을 탐색한다.

- 친구들의 표정이 어떤가요?

❷ 등장인물의 표정과 행동을 보고 마음을 짐작해 본다.

❸ 뒷이야기를 예측해 본다.

3. '용기란 무엇인가?' 이야기 나눈다.

- 이제 용기 킹이 누구라고 생각하나요?
- 왜 그렇게 생각하나요?
- 책을 읽고 나서 용기 킹이 바뀌었는데, 그 이유는 무엇인가요?
- 그렇다면 용기란 무엇일까요?

4. '용기 킹!'을 추천한다.

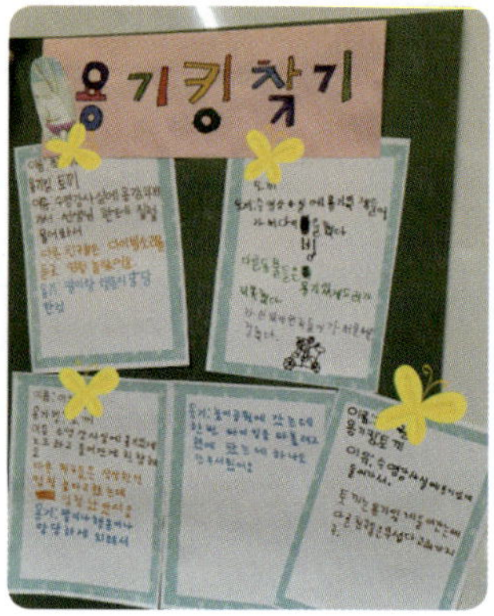

❶ 용기 킹은? ❷ 추천 이유
❸ 용기란? ❹ 내가 만난 용기

- 여러분도 처음에는 두렵다가 나중에는 무서워하지 않게 된 것이 있나요?
- 왜 이제는 무섭지 않게 되었나요?
- 여러분이 작성한 '용기 킹 추천서'를 모아 볼까요? 사진으로 찍어서 위원회에 바로 보내도록 하겠습니다.

5. 활동을 정리하고 평가한다.

- 오늘 본 그림책 속 등장인물들의 마음이 바뀐 이유는 무엇인가요?
- 오늘 용기에 대해 새롭게 알게 된 게 있나요?

수업 메모

- '내가 경험한 용기'에 대해 표상하고 나누며, 2차시 블록 수업으로 확장할 수 있다.

함께 보면 좋은 책

『나무 위에 올라가는 아주 별난 꼬마 얼룩소』 제마 메리노 글 · 그림, 노은정 옮김, 사파리, 2022
『넘어』 김지연 글 · 그림, 북멘토, 2021

초등 책 11

『씨앗은 무엇이 되고 싶을까?』

김순한 글, 김인경 그림. 길벗어린이. 2001

* **활 동 명** 씨앗이 되어 보아요

* **활동대상** 초등 저

* **활동목표**
  - 씨앗이 자라는 과정을 알고, 몸으로 표현할 수 있다.
  - 씨앗의 성장 과정을 커지는 책으로 만들 수 있다.

* **활동자료** 그림책, 실물 씨앗 및 그림 자료, 커지는 책(교사용), '커지는 책' 만들기 재료(8절 도화지-아동 수만큼), 색연필

* **활동방법**

1. 수수께끼와 실물 씨앗 또는 그림 자료를 보며 씨앗을 맞혀 본다.

- 아주 귀중한 것을 가지고 왔어요. 모양도 여러 가지, 크기도 여러 가지예요. 무엇일까요?
- (다양한 실물 씨앗 또는 그림 자료를 제시하며) 이것은 무슨 씨앗일까요?

2. 그림책을 감상한다.

❶ 생각을 끌어내기 위해 실제 대화하듯 읽는다.

- (아동들의 눈을 쳐다보며) 씨앗은 무엇이 되고 싶을까?

❷ 움직임을 곁들여 읽는다.

- (어깨를 살짝 움켜쥐며) 새가 쪼아 먹지 못하도록 벌레가 물어가지 못하게.

(살짝 쓰다듬으며) 스르르 흙이 덮어 주었지.

❸ 마지막은 여운을 남기듯 천천히 마무리한다.

- (차분한 분위기로) 지금도 땅속 어딘가 작은 씨앗이 누워 있겠지.

3. 씨앗의 성장 과정을 몸으로 표현해 본다.

- 작은 씨앗이 땅속에서 잠을 자고 있어요. 씨앗을 몸으로 표현해 볼까요?

4. 씨앗의 성장 과정을 커지는 책으로 만들어 본다.

❶ 교사용 커지는 책 교구를 탐색한다.

- 여기 씨앗이 있어요. 씨앗에게 어떻게 해 주면 잘 자랄까요?
- 우리가 가꾼 나무에서 열매가 열렸어요.

❷ 커지는 책 만들기를 한다.

5. 활동을 정리하고 평가한다.

- 오늘 책도 보고, 커지는 책도 보고, 씨앗도 되어 보았는데 어떤 게 기억에 남나요?
- 씨앗은 어떻게 자라나요?

수업메모

- 씨앗에 아동의 이름을 대입하여, 자신의 꿈을 이야기해 보는 활동으로 확장할 수 있다.

함께 보면 좋은 책

『씨앗은 어디로 갔을까?』 루스 브라운 글 · 그림, 이상희 옮김, 주니어랜덤, 2023

『나무는 좋다』 재니스 메이 우드리 글, 마르크 시몽 그림, 강무홍 옮김, 시공주니어, 2017

초등 책 **12**

『난 남달라!』

김준영 글·그림. 국민서관. 2012

*** 활 동 명** 남다른 우리!

*** 활동대상** 초등 중

*** 활동목표**

- 나와 친구의 장점을 알고 말과 글로 표현할 수 있다.

*** 활동자료** 그림책, '남달라' 펭귄 만들기 재료(아동 수만큼-검은색 종이컵 1개, 흰색 종이컵 1개, 눈 스티커, 삼각형 노란색 접착 펠트), 가위, 사인펜

*** 활동방법**

1. **'남다르다'의 의미에 대해 이야기를 나눈다.**

2. **그림책을 감상한다.**

❶ 표지를 탐색한다.

- 이 펭귄의 이름은 왜 '남달라' 일까요?

❷ 그림을 보며 동작을 따라 해 본다.

- 이 동작은 어떻게 하는 걸까요?
- 이 수영법의 이름은 무엇일까요?

❸ 뒤면지를 보며 이야기를 나눈다.

3. 나의 '남달라' 펭귄 만들기를 한다.

❶ 검은색 종이컵과 흰색 종이컵을 이용해 펭귄을 만든다.

❷ 완성된 펭귄에 나의 장점과 이름을 쓴다.

4. '○○이는 남달라!' 놀이를 한다.

❶ '남다른' 펭귄을 모두 모아 장점을 가려 둔다.

❷ 한 명씩 앞으로 나오면 다른 친구들은 그 친구가 펭귄에 적어 둔 장점을 이야기한다.

❸ 앞에 나온 친구가 적은 장점을 확인한다.

- (다 함께) ○○이는 남달라!

5. 활동을 정리하고 평가한다.

- 오늘 새롭게 알게 된 친구의 장점이 있나요?
- 친구가 나의 장점을 말해 주었을 때 기분이 어땠나요?

수업메모

- 친구들의 장점이나 특기를 탐색할 수 있는 충분한 시간을 가진다.
- 초등 진로 교육의 첫 단계인 자기 이해와 긍정적 자아 발견 단계에 맞는 수업으로 자신의 남다른 점을 발견하고 지지받는 경험을 하도록 지도한다.

함께 보면 좋은 책

『성공이란 무엇인가』 베시 앤더슨 스탠리 글, 이성표 그림, 보림, 2023

『어떤 용기』 박세경 글 · 그림, 달그림, 2019

초등 책 13

『훨훨 간다』

권정생 글, 김용철 그림. 국민서관. 2003

*** 활 동 명** 움직임 단어를 표현해요!

*** 활동대상** 초등 중

*** 활동목표**

- 움직임을 나타내는 말을 몸으로 표현할 수 있다.
- 움직임을 나타내는 말을 활용하여 이야기를 만들 수 있다.

*** 활동자료** 그림책, 색종이로 접은 나비, 움직임 단어 카드, 상자, 메모지, 필기도구

*** 활동방법**

1. 움직임을 보고 어울리는 단어를 떠올려본다.

- (손으로 색종이 나비를 나풀거리며) 나비가 어떻게 움직이고 있나요?
- 나비가 움직이고 있는 모습을 어떤 말로 표현하면 좋을까요?

2. 그림책을 감상한다.

❶ 표지를 탐색한다.

- (제목의 '간다' 부분을 가린 채) '훨훨' 다음에는 어떤 말이 올 수 있을까요?

❷ 대사를 첨가해 생동감 있게 읽는다.

- 옛날 어느 산골 외딴집에 할머니와 할아버지가 살고 있었어요. <중략> 영감, 영감, 재미난 이야기 좀 들려주구려.

❸ 동작을 곁들여 읽는다.

- 여러분~ 우리도 함께 해 볼까요? 훨~훨 간다.

3. 움직임 단어를 동작으로 표현하고 알아맞힌다.

- (교사가 먼저 상자에서 단어 카드를 꺼내고) 선생님이 카드에 적힌 단어를 몸으로 표현해 볼 거예요. 어떤 단어인지 맞혀 보세요.
- 이제 여러분이 단어를 하나씩 꺼내어 몸으로 표현하고 알아맞혀 볼까요?

4. 움직임을 나타내는 단어를 이용해 이야기를 만들어 본다.

❶ 모둠별로 단어 카드를 3~4개 정도 뽑는다.

❷ 뽑은 단어 카드를 이용해 이야기를 만든다.

❸ 만든 이야기를 몸으로 표현해 본다.

5. 활동을 평가하고 마무리한다.

- 오늘 움직임을 말로, 또 말을 움직임으로 표현해 보았는데, 새롭게 알게 된 단어가 있나요?
- 가장 재미있는 움직임 말은 무엇이었나요?

수업메모

- 팀을 나누어 움직임 말 주고받기 게임을 할 수도 있다. (신통방통 p.237 참조)
- 움직임 말이 들어간 짧은 글짓기를 해도 좋다.

함께 보면 좋은 책

『봉구야, 목욕하자!』 이송은 글, 김경희 · 나성길 인형, 동심, 2009

『이야기 이야기』 게일 헤일리 글 · 그림, 엄혜숙 옮김, 보림, 2007

초등 책 **14**

『색깔 도난 사건』

박혜린 글, 이수아 그림. 오늘책. 2022

* **활 동 명** 명탐정의 조건 1, 2, 3

* **활동대상** 초등 중

* **활동목표**
  - 이야기 속 문제의 원인을 찾고 해결 방법을 제시할 수 있다.
  - 물체와 무늬의 배열에서 규칙을 찾을 수 있다.

* **활동자료** 그림책, 베레모(또는 일반모자), 패턴 그림, 활동지(탐정 수첩-아동 수 만큼), 필기도구

* **활동방법**

1. 그림책 표지를 탐색한다.

- 안녕하세요? 친구들, 오늘 특별한 손님이 찾아왔어요.
- (베레모를 쓰며) 안녕하세요? 전 탐정 페르입니다. 오늘은 제가 맡았던 사건을 여러분에게 소개하고자 합니다.

2. 그림책을 감상한다.

❶ 장면을 부분적으로 가리고 뒷이야기를 상상한다.

- (한쪽을 가린 채) 어느 날, 더 이상한 일이 일어나기 시작했어요.

❷ 그림을 단서로 이야기를 나눈다.

- 결국 남은 두 명의 용의자는 누구일까요?

3. '예비탐정 학교' 놀이를 한다.

❶ 문제의 원인을 찾아본다.

- 안녕하세요? 탐정 페르입니다. 보신 것처럼 저는 엉뚱하게도 어둠을 용의자로 지목하는 실수를 했는데요.
왜 그런 실수를 했을까요? 나 같은 실수를 안 하려면 어떻게 해야 할까요?

❷ 문제를 해결할 방법에 대해 이야기 나눈다.

(예: 현장 조사 등 관찰을 좀 더 꼼꼼히 해야 한다. / 여러 사람과 여러 장소를 찾아다녀야 한다. / 본 거, 들은 거, 여러 정보를 잘 모은다. 등)

❸ 놀이 속에서 문제해결을 위한 과정을 경험한다.

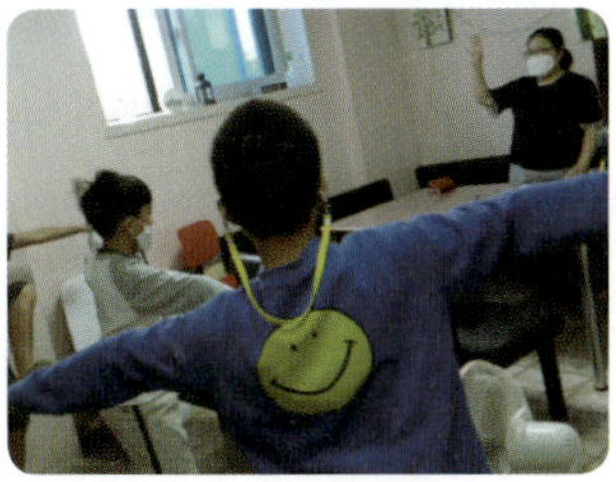

- 지금부터 훌륭한 탐정이 되기 위해 훈련을 시작하겠습니다.
① 관찰력: 그림 카드에서 규칙 찾고 달라진 점 발견하기
② 체력: 한 발 들고 균형 잡기 등
③ 기록: 탐정 수첩 기록하기

4. 활동을 정리하고 평가한다.

- 좋은 탐정이 되기 위한 조건은 어떤 것이 있었나요?
- 그림 카드에서 규칙을 찾는 데 어려움은 없었나요?

수업메모

- 베레모 등 간단한 소품을 이용하여 연극놀이의 '역할 내 교사'(teacher-in-role)기법을 활용하면 아동의 흥미를 높일 수 있다.
- 탐정 수첩 기록하기는 대상 아동의 쓰기 능력에 따라 난이도를 조절한다.

함께 보면 좋은 책

『범인은 고양이야!』 다비드 칼리 글, 마갈리 클라벨레 그림, 다림, 2018
『치즈를 찾아라!』 계명진 글 · 그림, 현북스, 2018

초등 책 15

『염소 4만원』

옥상달빛 노래·조원희 그림. 그린북. 2020

* **활 동 명** 아프리카 친구들에게 희망을 선물해요!

* **활동대상** 초등 중

* **활동목표**
  - 돈의 가치와 의미에 대해서 생각해 보고, 돈을 가치 있게 쓸 수 있는 일이 있음을 안다.
  - 염소를 보내기 위해 내가 실천할 수 있는 것을 노랫말로 개사하여 부를 수 있다.

* **활동자료** 그림책, 동요 음원('염소 4만원'), 활동지, 접착 메모지, 필기도구

* **활동방법**

1. 돈의 가치에 대하여 이야기를 나눈다.

- 돈이 생긴다면 무엇을 사고 싶나요?

2. 그림책을 감상한다.

❶ 제목을 가리고 그림책 표지를 탐색한다.

- 무엇이 보이나요?

❷ 그림을 단서로 이야기를 만들어 가며 읽는다.

- 이곳은 아프리카예요. 아기를 업은 친구가 손에 물통을 들고 물을 길으러 가나 봐요.

❸ 그림책 장면에서 나오는 물건의 값이 얼마인지 생각해 본다.
- 이 사과는 얼마일까요?

3. 노래가 그림책으로 탄생한 배경을 알아본다.

❶ 그림책을 다시 보며 옥상달빛의 노래를 감상한다.

❷ 노래와 그림책이 만들어진 과정을 알아본다.
- 옥상달빛은 2012년 아프리카 봉사활동에서 잠비아 어린이들을 만나고 온 후 '염소 보내기' 캠페인을 독려하는 노래를 발표해요.

4. 노랫말을 개사하여 불러본다.

❶ 아프리카에 염소를 보낸 이유를 알아본다.

❷ 줄이거나 안 사도 되는 것이 무엇인지 이야기 나눈 후 활동지를 작성한다.

❸ 개사한 노래를 함께 불러 본다.

5. 활동을 정리하고 평가한다.

- 우리가 생각하는 4만원이 아프리카에서는 어떤 가치와 의미가 있을까요?
- 아프리카 친구들을 위해 우리가 소비하는 것 중에서 줄일 수 있는 것들을 생각하며 노래를 개사하여 불렀을 때, 어떤 기분이 들었나요?

수업메모

- 개사한 노랫말로 그림책 만들기를 해도 좋다.

함께 보면 좋은 책

『염소의 선물』 페이지 맥브라이어 글, 로리 로스토에터 그림, 김상일 옮김, 다그림책, 2014
『맨발로 축구를 한 날』 조시온 글, 이덕화 그림, 찰리북, 2018

초등 책 16

『쿠키 한 입의 인생 수업』

에이미 크루즈 로젠탈 글, 제인 다이어 그림. 김지선 옮김. 책읽는곰. 2008

* **활 동 명** ○○로 하는 인생 수업

* **활동대상** 초등 중 · 고

* **활동목표**
  - 작품 속 가치 덕목을 자기의 경험과 연관 지어 말과 글로 표현할 수 있다.

* **활동자료** 그림책, 쿠키(전체 인원수의 1/2), 접착 메모지(여러 가지 색깔과 모양), 4절 색지, 필기도구

* **활동방법**

1. **두 사람당 한 개씩 쿠키를 쪼개 나누어 먹은 후 기분을 이야기해 본다.**
   - 쿠키를 쪼갤 때 어떤 생각으로 나누었나요?
   - 왜 똑같이 나누려고 했나요?

2. **그림책을 감상한다.**
   ❶ 각각의 가치 덕목 부분을 힘주어 읽는다.

   ❷ 상반되는 가치가 양쪽 페이지에 펼쳐지는 장면은 대조적인 느낌이 들도록 읽는다.

   ❸ 마지막은 책의 여운이 느껴지도록 천천히 읽는다.

3. 책 내용을 회상하며 이야기를 나눈다.

- 이 책에서 어떤 가치들이 나왔는지 다시 한번 볼까요?

4. 나만의 '○○로 하는 인생 수업' 가치를 발표해 본다.

❶ 각자 관심 있는 종목(또는 분야)을 정한다.
(예: 축구, 피구, 컴퓨터 게임, 무용)

❷ 색지에 붙인 가치 목록을 보여 주면서 각자의 종목에 견주어 중요하다고 생각하는 것 다섯 가지를 골라 그 종목에 해당하는 상황을 쓴다. (예: 긍정적이라는 것: 피구-우리 팀이 다섯 명이나 남았네.)

❸ 각자 작성한 메모지를 해당하는 가치 칸에 붙이고 발표해 본다.

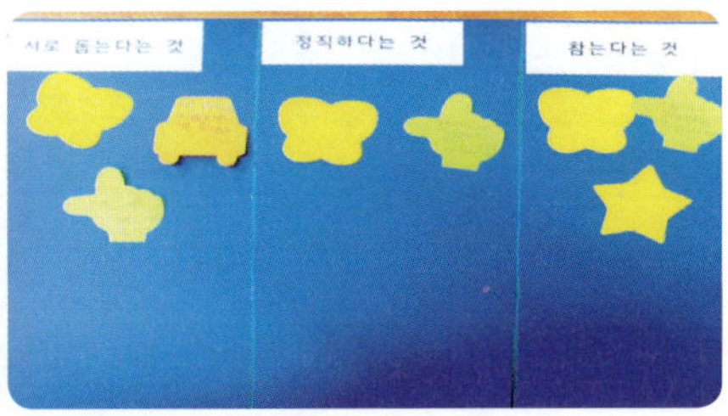

5. 책을 릴레이하듯 연결해 읽으며, 마무리한다.

- 이 책의 의미를 되새기며 순서대로 소리 내어 읽어 볼까요?
- 여러 가지 가치 중에서 가장 기억에 남는 가치는 무엇인가요?

수업메모

- 확장 활동으로 '○○로 하는 가치 사전' 만들기를 진행해도 좋다.

함께 보면 좋은 책

『곰이 강을 따라갔을 때』 리처드 T.모리스 글, 르웬 팜 그림, 이상희 옮김, 소원나무, 2020
『두 갈래 길』 라울 니에토 구리디 글·그림, 지연리 옮김, 살림, 2019

초등 책 **17**

『사라, 버스를 타다』

윌리엄 밀러 글, 존 워드 그림. 박찬석 옮김. 사계절. 2004

* **활 동 명** 사라를 변호하라!

* **활동대상** 초등 4학년 이상

* **활동목표**
  - 인종 차별이 도덕적으로 정당한지 토론할 수 있다.
  - 사람들의 노력으로 불합리한 법이 절차에 따라 개정될 수 있음을 안다.

* **활동자료** 그림책, 표지판('출입 금지'), 법조문 카드('흑인은 버스 뒷자리에 앉으시오'), 전지, 모자 1개, 접착 메모지(아동 수만큼), 변호인 번호판(1, 2…)

* **활동방법**

1. **부당하게 차별당했을 때의 느낌에 대해 이야기 나눈다.**

❶ 출입 금지 표지판을 이용하여 출입을 차별하는 것에 대해 이야기 나눈다.

- (출입 금지 표지판을 보여 주며) 엘리베이터에 이것이 붙어 있다면 무슨 뜻일까요?
- 그런데 '초등학생 탑승 금지'라고 추가로 붙어 있다면 어떻게 하겠나요?

❷ 그림책에서 야기될 문제를 만나 본다.

- 조금 전에 엘리베이터를 타려고 할 때 당했던 부당한 일이 미국에서는 실제로 일어났어요. 엘리베이터가 아니고 버스에서 말이에요.

2. 그림책을 감상한다.

❶ 표지를 탐색한다.

- 이 아이의 기분이 어떤 것 같나요?

❷ 대화를 첨가하여 생동감 있게 읽는다.

- 아휴, 가만히 좀 앉아 있어. 왜 자꾸 돌아보고 그러니? (원문: 그러다가 엄마들에게 잔소리를 들은 뒤에야 바로 앉았습니다.)

❸ 법이나 규칙을 강조할 때는 딱딱한 느낌으로 읽는다.

- 법에는 말이다. '흑인은 버스 뒷자리에 앉아야 한다.'라고 나와 있단다.

3. 그림책 내용의 바탕이 된 배경 실화를 알아본다.

4. 인종에 대한 차별의 정당성 여부에 관해 연극놀이를 활용해 토론해 본다.

❶ 간단하게 연극놀이를 위한 준비를 한다.

(예: 역할 정하기, 공간 설정, 신호 정하기)

❷ 연극놀이를 한다.

> 예 경찰(교사): 사라 양 앞으로 나와 앉아 주세요. 당신은 법을 어겼습니다.
> 사라(아동): 뭘요?
> 경찰: 당신은 흑인이고, 흑인은 버스 뒷자리에 앉아야 합니다.
> 사라: 왜요? 왜 뒷자리에 앉아야 해요?
> 경찰: 법이 그러니까요.

❸ 사라 변호인이 되어 사라를 변호한다.

- 이제 사라에 대해 조사를 시작하겠습니다. 사라를 변호하고 싶은 분들은 번호판을 가져가세요. 번호판을 들면 변호인들께 기회를 드리겠습니다.

❹ 사라를 응원하고 법을 개정하기 위한 호소문을 쓰고 칠판에 전시한다.

- (칠판에 붙여 둔 전지를 가리키며) **지금 하고 싶은 말을 종이에 적어 서면으로 제출하여 주시기 바랍니다.**

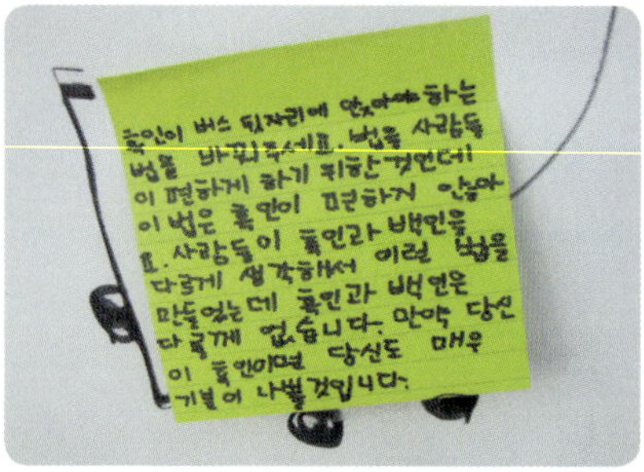

5. 활동 과정에서의 느낌에 대해 이야기를 나눈다.

- 사라와 변호사 역할을 해 보니까 느낌이 어땠나요?
- 경찰이 자꾸 '법이 그렇다니까'라고 했을 때 기분이 어땠나요?
- '흑인은 버스 뒷자리에 앉으시오.'라는 법이 바뀌게 된 것은 무엇 때문이었나요?

수업메모

- 이 수업은『1964년 여름』과 연계한 인권 수업이다.
- 1955년 이후 미국에서 일어난 변화에 대해 더 알아본다. (예: 1964년 공민법 제정)

함께 보면 좋은 책

『1964년 여름』 데버러 와일즈 글, 제롬 리가히그 그림, 김미련 옮김, 느림보, 2006

『까매서 안 더워?』 박채란 글, 이상권 그림, 파란자전거, 2007

초등 책 18

『1964년 여름』

데버러 와일즈 글, 제롬 리가히그 그림. 김미련 옮김. 느림보. 2006

* **활 동 명** 비교표 만들기
* **활동대상** 초등 4학년 이상
* **활동목표**
  - 두 권의 책을 읽고 내용을 비교할 수 있다.
  - 인권이 침해되는 사례를 다룬 이야기를 통해 해결 방안을 탐색하고, 인권 친화적 태도를 기른다.
* **활동자료** 그림책 두 권(『사라, 버스를 타다』 포함), 활동지(하늘색 A4용지-아동 수만큼), 검은색 전지 2장, 접착테이프
* **활동방법**

1. 전 차시와 연계해 해결해야 할 문제를 알아본다.

- 지난 시간에 본 『사라, 버스를 타다』는 실제로 있었던 사건을 그림책으로 만든 거였어요. 어느 나라에서 있었던 일인지 기억하나요?
- 언제 일어났는지 알고 있나요?
- 1955년 12월에 있었던 일이래요. 1955년 '흑인은 버스 뒷자리에 앉아야 한다'라는 법 때문에 사라의 사건이 일어났어요. 그렇다면 그 뒤에는 어떻게 됐을까요?

2. 그림책을 감상한다.

❶ 뒤표지를 탐색한다.

- 이 두 친구는 어떤 사이인 것 같나요?

❷ 앞표지를 탐색한다.

- 왜 책의 제목이 『1964년 여름』일까요?

❸ 등장인물의 특징과 상황을 반영하여 입체적으로 읽는다.

- (밝고 활기찬 느낌으로) 존 헨리 와델은 나와 가장 친한 친구랍니다.
- (울음을 삼키듯 하며 독백처럼) 나는 여기서 수영하고 싶었어.

3. 그림책을 읽고 난 후 전반적인 느낌과 생각을 이야기 나눈다.

- 이 책을 보고 나니 어떤 생각이 떠오르나요?
- 1964년에는 '흑인과 백인 모두 공공장소에 갈 수 있다'라는 공민법이 새로 생겼어요. 그런데 법이 바뀌었지만 여전히 변하지 않은 것이 있어요. 무엇일까요?

4. 『사라, 버스를 타다』 그림책과 연계해서 두 권의 내용을 비교한 후, 활동지를 작성한다.

❶ 두 권의 그림책 내용을 비교하며 이야기 나눈다.

- 사건이 일어났을 때는 각각 언제였나요?
- 두 권의 책에서 해결해야 할 문제는 무엇이었나요?
- 두 책의 공통점은 무엇인가요?

❷ 활동지를 작성한다.

- 타임머신을 타고 그 직전 날 밤으로 돌아가서 수영장 주인아저씨의 마음이 바뀔 수 있도록 설득하는 글을 써 볼까요?

5. 작성한 활동지를 검은색 전지에 붙인 후, 내용을 차례대로 함께 읽는다.

- 새까만 아스팔트로 매워졌던 수영장이 어떻게 바뀌었나요?

- 수영장 주인아저씨께 쓴 글을 읽어 볼까요?

6. 우리 주변의 문제를 환기하며 마무리한다.

- 두 책을 읽고 나서 가장 기억에 남는 것은 무엇인가요?
- 우리 주변에서 이러한 비슷한 사례가 없는지 찾아볼까요?

수업메모

- 아이들 수를 고려하여 물이 가득 찰 수 있도록 여분의 빈 활동지를 준비해 붙이고, 시각적으로 물의 푸른 느낌을 살리기 위해, 필기도구는 사인펜이 아닌 연필로 쓴다.

함께 보면 좋은 책

『까매서 안 더워?』 박채란 글, 이상권 그림, 파란자전거, 2007

『타오 씨 이야기』 장재은 글 · 그림, 사계절, 2024

참/고/문/헌

국립어린이청소년도서관(2009). 어린이 담당 사서를 위한 스토리텔링매뉴얼.

국립어린이청소년도서관(2011). 어린이 담당 사서를 위한 스토리텔링매뉴얼 2.

김경희(2008). 지구촌 스토리텔러들의 잔치에 가다, 창비어린이, 6(4), 275-278.

김선(1999). 유아를 위한 연극놀이. 서울: 사다리 연극놀이연구소(미간행).

김선 · 한정혜 · 제인현 · 이송은(2007). 유아를 위한 연극놀이. 서울: 창지사.

김재순 · 김희진(2003). 만 2, 4세 유아와 어머니의 그림책 읽기 상호작용에 관한 연구. 대한가정학회지, 41(3), 57-71.

구인환 외(1990). 문학교육론. 서울: 삼지원.

김세희(1994). 한국 전래동요에 대한 유아의 선호도 분석, 이화여자대학교대학원 박사학위 청구논문.

김세희(2000). 유아문학교육. 서울: 양서원.

김현희 · 박상희(1999). 유아문학교육. 서울: 학지사.

동화가있는집(2019). 노인인지활동책놀이. 서울: 창지사.

동화가있는집(2022). 초등아동을 위한 책놀이. 서울: 창지사.

마쓰이 다다시(2003). 이상금 엮음. 어린이와 그림책. 샘터사.

마쓰이 다다시(1996). 이상금 엮음. 어린이와 그림책의 세계. 서울: 한림출판사. (원서출판 1995)

박찬옥 · 정남미 · 곽현주(2008). 놀이지도. 파주: 정민사.

박찬옥 · 김낙홍 · 구수연 · 이옥임 · 노희연 · 이선영 · 이예숙(2015). 보육과정. 파주: 정민사.

박혜경 · 김영실 · 김진영 · 김소양(1999). 유아언어교육-이론과 실제-. 서울: 양서원.

서천석(2015). 그림책으로 읽는 아이들 마음. 파주: 창비.

석용원(1993). 유아동화의 구연교육. 서울: 학연사.

이송은(2001). 통합적인 동시짓기활동이 유아의 동시 짓기와 감상 및 교사의 동시인식에 미치는 영향.중앙대학교교육대학원 석사학위 청구논문.

이송은(2001). 표현력과 창의성을 키우는 손유희 101가지. 서울: 동심.

이송은(2006). 2세 영아의 책에 대한 의미 탐색. 중앙대학교대학원 박사학위 청구논문.

이송은(2012). 스토리텔링과 책놀이. 서울: 창지사.

이송은(2013). 유아 문학교육의 이론과 실제: 누리과정 생활주제별 문학활동. 서울: 창지사.

이송은(2009). 어린이 담당 사서를 위한 스토리텔링운영 매뉴얼 개발. 어린이문학교육연구, 10(2), 149-175.

이송은 · 이선영(2005). 유아 문학 교육의 이론과 실제: 그림책 활동을 중심으로. 서울: 창지사.

이송은 · 김윤경 · 전진영 · 권옥 · 한선예 · 최형임 · 이춘희 · 한주미(2017). 스토리텔링과 책놀이 2. 서울: 창지사.

이송은 · 신일순 · 김미라 · 안혜련(2017). 누구나 할 수 있는 이야기 들려주기. 서울: 창지사.

이송은 · 전진영 · 김윤경(2016). 세 연구자들의 스토리텔링 탐험기: 그림책으로 아이들과 소통하는 할머니 · 할아버지 세워가기. 교육인류학연구, 19(3), 67-119.

이숙재(2014). 영유아 놀이의 이론과 실제. 서울: 창지사.

이재복(2010). 아이들은 이야기 밥을 먹는다. 문학동네.

이재철(1995). 한국아동문학연구. 서울: 개문사.

조정숙 · 김은심(2000). 유아언어교육. 서울: 정민사.

한국정신문화연구원(1991). 한국민족문화대백과사전 제5권.

한국출판마케팅연구소(2002). BOOKPEDEM 01 어린이책. 한국출판마케팅연구소.

한국출판문화산업진흥원(2017). 2017 책 읽어주는 문화봉사단 가이드북.

현은자 · 변윤희 · 강은진 · 심향분(2004). 그림책의 그림 읽기. 서울: 마루벌.

Betteleim, B. (1998). *The Uses of enchantment: The meaning and importance of fairy tail.* 김옥순 · 주옥 역. 옛이야기의 매력 1. 서울: 시공주니어. (원서 출판 1977)

Brand, S. T., & Donato, J. M.(2001). Storytelling in emergent literacy. New York: Delmar.

Cooling, W, (2003). 아기 성장과 북스타트 효과, 북스타트 '서울 국제 심포지엄' 강연 자료. 2003년 9월 23일, 서울여자대학교.

Galda, L. & Cullinan, B. E. (2002). *Literature and the Child*(5th ed.). Belmont: Wadsworth.

Jalongo, M. R. (1988). *Young Children and Picture Books: Literature from Infancy to Six*. Washington: NAEYC.

Ko, S. J., & Lee, S. E.(2013). The effects of picture-book shared reading training for immigrant mothers of young children: An exploratory study. *Asia-Pacific Journal of Research in Early Childhood Education*, *7*(2),29-46.

Raines, S. C. & Isbell, R. T. (1994). *Stories: Children's Literature In Early Education*. New York: Delmar Publishers Inc.

Rosenblatt. L. M. (1978). *The reader, the text, the poem: The transactional theory of the literacy work*. Carbondale: Southern Illinois University Press.

Schickedanz, J. A. (1999). *Much more than the ABCs: The early stages of reading and writing*. Washington, D. C.: NAEYC.

Scott, C. (1999). Dual audience in picturebooks. In S. L Beckett (Ed.). *Transcending boundaries: Writing for a dual audience of children and adults* (pp.99-110). New York and London: Garland.

Senechal, M., Cornell, E. H., & Broda, L. S. (1995). Age-related differences in the organization of parent-infant interactions during picture-book reading. *Early childhood Quarterly*, *10*, 317-337.

Sulzby, E. (1985). Children's emergent reading of favorite story books: A developmental study. *Reading Research Quarterly*, *20*(4), 458-481.

Townsend, J. R.(1996). *Written for children*. 강무홍 역(1996). 어린이책의 역사. 서울: 시공사.

Trawick-Smith, Jeffrey W. (1994). *Interactions in the classroom*. N.Y.: Mcmillan College Press.

Whitehurst, G. J., Falco, F. L., Lonigan, C. J., Fischel, J. E., Debaryshe, B. D., Valdez-Menchaca. M. C., & Caufield, M. (1998). Accelerating language development through picture-book reading. *Developmental Psychology*, *24*(4), 522-559.

북스타트 코리아 https://bookstart.org:8000/

책읽는사회문화재단 http://www.bookreader.or.kr

부록

뉴 /스/토/리/텔/링/과

책/놀/이

부록 1 손유희

1. 뜨레풀 주제가
2. 보고 싶었죠
3. 똑똑똑
4. 예쁜 민지가
5. 예쁜 컵에
6. 손으로 가리고
7. 나는 배

손유희 1. 뜨레풀 주제가

주제 및 활용: 친구, 인사

뜨레풀 주제가

이송은 작사, 백남희 작곡

순서	가사	동작	설명
1	안녕 안녕 안녕		한 손을 차례로 좌우로 흔들기
2	뜨레풀 친구들		양손 바닥을 와이퍼처럼 흔들기
3	안녕 안녕 안녕		1과 동일하되 왼손 오른손 위치 바꿔서

순서	가사	동작	설명
4	그림		한 손바닥 위에 다른 손바닥
5	책		양손을 책처럼 펼침
6	싹이 쏙 쏙		양팔 겨드랑이 붙이고 양손 검지 상하로 작게
7	풀이 쑥 쑥		양팔 크게 상하– 한 손 검지 위에, 다른 손 검지 아래
8	6과 7 차례로 한 번 더 반복		
9	안녕 안녕 안녕		한 손을 차례로 좌우로 흔들기
10	뜨레풀 친구들		양손 바닥을 와이퍼처럼 흔들기
11	안녕 안녕 안녕		9번과 동일하되 왼손 오른손 위치 바꿔서
12	그림		한 손바닥 위에 다른 손바닥
13	책		양손을 책처럼 펼침

손유희 2. 보고 싶었죠

주제 및 활용: 친구, 인사

보고 싶었죠

김성균 작사, 작곡

순서	가사	동작	설명
1	오래간만입니다		양손 배에 대고 인사
2	정말 반갑습니다		악수

순서	가사	동작	설명
3	너무너무 보고 싶었죠		친구랑 부드럽게 포옹
4	눈, 볼, 코코코		친구 눈, 볼, 코 가리키기 (혹은 자기 눈, 볼, 코, 가리키기)
5	랄랄라 랄랄라		양팔 팔꿈치 구부린 자세로 춤추기
6	정말 보고 싶었죠		3과 동일
7	랄랄라 랄랄라		5와 동일
8	눈, 볼, 코코코		4와 동일

손유희 3. 똑똑똑

주제 및 활용: 기본생활습관

똑똑똑

김성균 작사, 작곡

※ 김성균 작사, 작곡 '똑똑똑'의 가사를 손유희에 적합하게 개사하였음

순서	가사	동작	설명
1	똑똑똑똑		한 손 들고 그 손등을 두드린다.
2	똑똑		첫째 '똑'에 두드리는 손을 머리 뒤로 젖혔다가 두 번째 '똑'에 손등 두드린다.
3	문 좀 열어 주세요		양손 조심스럽게 연다.
4	똑똑똑똑		1과 동일
5	똑똑		2와 동일
6	문 열었더니		양손 씩씩하게 활짝 연다.
7	참새가 짹짹		'짹짹'에 양손 포개서 까딱거린다.

순서	가사	동작	설명
8	고양이가 야옹!		'야옹'에 허공을 할퀸다.
9	밖에 나가 놀자고		양손 팔굽 굽혀서 흔든다.
10	짹짹		7과 동일
11	야옹!		8과 동일
12	(2절) 오리가 꽥꽥		'꽥꽥'에 손등을 굽혀 앞으로 민다.
13	호랑이가 어흥!		팔을 크게 벌려 허공을 할퀸다.

4. 예쁜 민지가

주제 및 활용: 기본생활습관, 역할 연기 연습

순서	가사	동작	설명
1	예쁜 민지가		한 손(왼손)은 펴서 손바닥을 보이고 다른 한 손(오른손)은 검지만 편다.
2	침대에 누워		검지 편 손(오른손)을 펼친(왼손) 손바닥 왼쪽에 올린다.
3	베개를 베고		손바닥을 펼친 손 엄지(베개)를 접고 그 위에 검지를 올린다.
4	이불을 덮고		손바닥 펼쳤던 네 손가락으로 검지를 감싼다.
5	잠이 들었어요		반대편(오른쪽)으로 감싼 양손을 넘기고 눈을 살며시 감는다.
6	아침이 되자		눈을 뜨고 다시 원래 쪽(왼쪽)으로 손을 움직인다.

순서	가사	동작	설명
7	이불을 개고		감쌌던 네 손가락을 펼친다.
8	베개를 치우고		접었던 엄지 손가락(베개)도 펼친다.
9	벌떡 일어나		검지 손가락을 오른쪽으로 튕겨 나가듯 일으켜 세운다.
10	푸푸 세수하고		양손을 얼굴 가운데에 가까이 가져가 세수하듯 안(아래)에서 얼굴 밖(위)으로 2번(푸할 때 한 번×2번) 반복한다.
11	치카치카 이 닦고		한 손은 주먹 쥔 상태에서 엄지와 검지, 중지를 펴고 위 아래로 2번(치카할 때 한 번×2번) 반복한다.
12	짜잔 옷을 입고		양손을 윗옷 가운데를 잡으며 흔들면서 옷을 잡고 멈춘다.
13	유치원(어린이집)에 가야지		양손을 주먹 쥐고 좌우로 흔든다.

5. 예쁜 컵에

주제 및 활용: 음식, 발성, 발음

순서	가사	동작	순서	가사	동작	순서	가사	동작
1	예쁜 컵에		2	우유를		3	쪼르르	
4	꿀꺽꿀꺽 마셨더니		5	키가 자라요		6	쑥쑥 자라요	
7	예쁜 컵에		8	주스를		9	쪼르르	
10	꿀꺽꿀꺽 마셨더니		11	얼굴이 예뻐져요		12	요렇게 예뻐져요	
13	예쁜 컵에		14	콜라를		15	쪼르르	
16	꿀꺽꿀꺽 마셨더니		17	찌르자 찌르자		18	이가 아파요	

순서	가사	동작	순서	가사	동작	순서	가사	동작
19	치과에 갔어요		20	이가 다 빠졌어요		–		
21	예쁜 컵에		22	커피를		23	쪼르르	
24	홀짝홀짝 마셨더니		25	잠이 안와요		26	생각이 안나요	
27	멍해 졌어요		28	예쁜 컵에		29	찬물을	
30	쪼르르		31	벌컥벌컥 마셨더니		32	아이, 시원해	

6. 손으로 가리고

주제 및 활용: 인사. 역할 연기 연습

손으로 가리고 손으로 가리고 왼쪽으로 가니 아빠가 있네요. 안녕하세요.
손으로 가리고 손으로 가리고 오른쪽으로 가니 엄마가 있네요. 안녕하세요.
손으로 가리고 손으로 가리고 위로 가니 할머니 있네요. 안녕하세요.
손으로 가리고 손으로 가리고 아래로 가니 할아버지 있네요. 안녕하세요.
손으로 가리고 손으로 가리고 활짝 여니 선생님 있어요. 안녕하세요.

7. 나는 배

주제 및 활용: 우리말과 글

나는 배/ 나는 배/ 뚱뚱 배가 불러. 아이, 배 불러./
나는 배/ 나는 배/ 둥둥 떠다니네. 와! 고래다./
나는 배/ 나는 배/ 사각사각 쭉쭉, 아이 맛있어./
나는 배/ 나는 배/ 두 배, 세 배, 네 배/ 와~ 많다./
나는 배서방/ 나는 배서방/ 튼튼하고 힘센 나는 배서방.

뉴 /스/토/리/텔/링/과

책/놀/이

부록 2 국어 맞춤법의 이해

1. 혼동하기 쉬운 어휘 및 표현
2. 표준 발음
3. 추가된 표준어

책을 읽거나 원고를 쓰다가 미심쩍은 것이 있으면 수시로 국어사전과 발음사전, 가나다 전화* 등을 참고할 필요가 있다. 다음은 평소 어법에서 틀리기 쉬운 표현과 발음의 예이다.

1. 혼동하기 쉬운 어휘 및 표현

- 가리키다: (먼 산을) 가리키다.
- 가르치다: (공부를) 가르치다.

- 마중: (오는 것을) 마중하다.
- 배웅: (떠나는 것을) 배웅하다.

- 벌리다: (틈새를) 벌리다.
- 벌이다: (사업을) 벌이다.

- 잃어버리다: (지갑을) 잃어버리다.
- 잊어버리다: (약속을) 잊어버리다.

- 너머: 산 너머에는 호수가 있다.
- 넘어: 자동차로 산을 넘어갔다.

- 작다: (크기가) 작다.
- 적다: (양이) 적다.

- 좇다: 위인의 모습을 좇아가다.
- 쫓다: 도둑을 잡으러 쫓아가다.

---

* ☎ 1599-9979
온라인가나다 https://www.korean.go.kr/front/onlineQna/onlineQnaList.do?mn_id=216
(2024. 8월 현재)

오레와 같은 박수를 받다. (○)
오뢰와 같은 박수를 받다. (×)

우리 집을 방문할 때면 으레 선물을 들고 왔다. (○)
식사를 끝내면 으레히 산책을 갔다. (×)

맞춤법-틀리기 쉬운 어휘의 예

○	×	○	×
강낭콩	강남콩	상추	상치
구절	귀절	생쥐	새앙쥐
괴팍하다	괴퍅하다	설거지	설겆이
깍쟁이	깍정이	소금쟁이	소금장이
꼭두각시	꼭둑각시	수퇘지	숫돼지
끄나풀	끄나불	수평아리	숫병아리
나무라다	나무래다	신출내기	신출나기
냄비	남비	아니요	아니오
냠냠이	얌냠이	아지랑이	아지랭이
노을	놀	오뚝이	오뚝이
대구	대귀	우두커니	우두머니
돌	돐	위층	웃층
멋쟁이	멋장이	윗니	웃니
무	무우	윗몸	웃몸
미숫가루	미싯가루	재봉틀	자봉틀
미장이	미쟁이	주책	주착
부조	부주	지루하다	지리하다
사글세	삭월세	코맹맹이	코맹녕이
살쾡이	삵괭이	허우대	허위대

➔ 두 가지가 다 표준어로 쓰이는 경우도 많다. 즉, '외우다'와 '외다'가 그러한데, '외우며'와 '외며'가 동시에 쓰인다. '오누이'와 '오뉘'/'쐬다'와 '쏘이다'/'쬐다'와 '쪼이다'/'거슴츠레하다'와 '게슴츠레하다'도 같은 경우이다.

2. 표준 발음

표준 발음은 올바른 의사소통을 위한 기본 요소이다. 'ㅘ', 'ㅙ', 'ㅟ' 등 이중모음의 발음에 특히 유의해야 하며 '바람과 구름'이 [바람가 구름]이 되지 않도록 한다. 같은 글자라도 뜻에 따라 발음이 달라지는 경우도 있다. 가령, 날아다니는 잠자리는 [잠자리]로 읽고 잠을 자는 곳은 [잠짜리]라고 해야 한다. 연음과 구개음화 등의 법칙도 잘 익히고 있어야 하는데 가령, '밭을'은 [바틀]이라고 읽고 '밭이'는 [바치]라고 읽어야 한다. '장미꽃아'의 경우도 [장미꼬차]라고 연음하여 읽는다. 많은 가수들이 '꽃을' [꼬슬]이라고 노래하는데, [꼬츨]이 맞다.

또 구연 시 특히 문제가 되는 것이 장단음의 구별이다. '밤', '굴', '배', '말', '눈', '화장' 등은 맥락에 맞게 변별해서 정확히 발음해 주어야 한다. 그 외, '으' 모음과 '어' 모음의 혼동으로 '느낌'을 '너낌'으로 말하는 경우, '쌀'을 '살'로 발음하는 경우 등은 읽기와 녹음 연습을 통해 극복해야 할 것이다. 물론 방언은 그 자체로 가치 있고 보존되어야 할 자산이지만, 특별히 공연이나 예술적 가치를 더하기 위해 쓰이는 경우 외에 수업에서는 기본적으로 표준어를 구사하여야 할 것이다.

■ 혼동하기 쉬운 발음

받침과 이어지는 말 사이의 발음에 유의한다.

바른 발음(○)	틀린 발음(×)	바른 발음(○)	틀린 발음(×)
꽃이[꼬치]	꼬시	무릎을[무르플]	무르블
꽃 한 송이[꼬탄송이]	꼬단송이	밟는[밥:는 → 밤:는]	발는
낮 한때[나탄때]	나단때	밟다[밥:따]	발따
넓다[널따]	넙따	빚을[비즐]	비슬
넓죽하다[넙쭈카다]	널쭉카다	솥을[소틀]	소슬
놓고[노코]		숱하다[수타다]	수다다
늙지[늑찌]	늘찌	여덟[여덜]	여덥
닭을[달글]	다글	옷 한 벌[오탄벌]	오단벌
많고[만:코]		읊고[읍꼬]	을꼬
맑게[말께]	막께	읽다[익따]	일따
맑다[막따]	말따	잎이[이피]	이비

장단음

발음 시 장단음 여부에 따라 의미가 달라지는 경우도 있다.

① 캄캄한 밤(·)에 밤(:)을 구워 먹었다.
② 눈(·)에 눈(:)이 들어가 눈(·)물이 흘렀다.
③ 병(:)에 걸려서 약병(·)을 들고 간다.
④ 캄캄한 굴(:)을 지나 바다로 가서 굴(·)을 땄다.
⑤ 제철이 아니라서 배(·)를 값을 배(:)로 주고 샀다.
⑥ 동화를 들려주고 교훈을 덧붙이는 것은 사(·)족(蛇足)이다.
애주가는 술이라면 사(:)족(四足)을 못 쓴다.
⑦ 산(·)에 가서 산(:) 오징어를 찾으면 안 된다.
⑧ 사(:)전에 준비를 했어야지, 이제 와서 사(·)전이 없다고 하면 어떻게 하니?

음의 고저

음의 장단뿐만 아니라 고저에 따라 뜻이 달라지는 경우도 있다. 아래 예문을 보면, '말'이 3회 나오는데 이 중 '사람의 입에서 나오는 언어'라는 뜻의 마지막 경우는 앞의 둘보다 낮고 긴 소리로 발음한다. '배'의 경우도 과일을 뜻일 때는 높고 급한 소리, 곱절이란 뜻은 긴 소리로 구별한다.

- 쌀 한 말을 주고 말을 샀다는 말을 누가 믿겠는가?
- 배가 더부룩해서 배를 사려고 배를 타고 갔더니 값을 배로 달라고 하지 뭐예요?

3. 추가된 표준어

새 표준어 항목은 다음과 같다.

1) 2011년

① 기존 표준어와 같은 뜻으로 추가로 표준어로 인정한 경우(11개)

추가된 표준어	기존 표준어	추가된 표준어	기존 표준어
간지럽히다	간질이다	세간살이	세간
남사스럽다	남우세스럽다	쌉싸름하다	쌉싸래하다
등물	목물	토란대	고운대
맨날	만날	허접쓰레기	허섭스레기
묫자리	묏자리	흙담	토담
복숭아뼈	복사뼈		

② 기존 표준어와 별도의 표준어로 인정한 경우(25개)

추가된 표준어	기존 표준어	뜻 차이
~길래	~기에	~길래: '~기에'의 구어적 표현.
개발새발	괴발개발	'괴발개발'은 '고양이의 발과 개의 발'이라는 뜻이고, '개발새발'은 '개의 발과 새의 발'이라는 뜻임.
나래	날개	'나래'는 '날개'의 문학적 표현.
내음	냄새	'내음'은 향기롭거나 나쁘지 않은 냄새로 제한됨.
눈꼬리	눈초리	눈초리: 어떤 대상을 바라볼 때 눈에 나타나는 표정. 예) '매서운 눈초리' 눈꼬리: 눈의 귀 쪽으로 째진 부분.
떨구다	떨어뜨리다	'떨구다'에 '시선을 아래로 향하다'라는 뜻 있음.
뜨락	뜰	'뜨락'에는 추상적 공간을 비유하는 뜻이 있음.
먹거리	먹을거리	먹거리: 사람이 살아가기 위하여 먹는 음식을 통틀어 이름.
메꾸다	메우다	'메꾸다'에 '무료한 시간을 적당히 또는 그럭저럭 흘러가게 하다'라는 뜻이 있음.
손주	손자(孫子)	손자: 아들의 아들. 또는 딸의 아들. 손주: 손자와 손녀를 아울러 이르는 말.
어리숙하다	어수룩하다	'어수룩하다'는 '순박함/순진함'의 뜻이 강한 반면, '어리숙하다'는 '어리석음'의 뜻이 강함

추가된 표준어	기존 표준어	뜻 차이
연신	연방	'연신'이 반복성을 강조한다면, '연방'은 연속성을 강조함.
휭하니	힁허케	힁허케: '휭하니'의 예스러운 표현.
걸리적거리다	거치적거리다	자음 또는 모음의 차이로 인한 어감 및 뜻 차이 존재.
끄적거리다	끼적거리다	〃
두리뭉실하다	두루뭉술하다	〃
맨숭맨숭	맨송맨송	〃
맹숭맹숭		
바둥바둥	바동바동	〃
새초롬하다	새치름하다	〃
아웅다웅	아옹다옹	〃
야멸차다	야멸치다	〃
오손도손	오순도순	〃
찌뿌둥하다	찌뿌듯하다	〃
추근거리다	치근거리다	〃

③ 두 가지 표기를 모두 표준어로 인정한 경우(3개)

추가된 표준어	기존 표준어
택견	태껸
품새	품세
짜장면	자장면

2) 2014년

① 현재 표준어와 같은 뜻을 가진 표준어로 인정한 것(5개)

추가된 표준어	현재 표준어
구안와사	구안괘사
굽신*	굽실
눈두덩이	눈두덩
삐지다	삐치다
초장초	작장초

* '굽신'이 표준어로 인정됨에 따라, '굽신거리다, 굽신대다, 굽신하다, 굽신굽신, 굽신굽신하다' 등도 표준어로 함께 인정됨.

② 현재 표준어와 뜻이나 어감이 차이가 나는 별도의 표준어로 인정한 것(8개)

추가 표준어	현재 표준어	추가 표준어	현재 표준어
개기다	개개다	사그라들다	사그라지다
꼬시다	꾀다	섬찟*	섬뜩
놀잇감	장난감	속앓이	속병
딴지	딴죽	허접하다	허접스럽다

* '섬찟'이 표준어로 인정됨에 따라, '섬찟하다, 섬찟섬찟, 섬찟섬찟하다' 등도 표준어로 함께 인정됨.

3) 2015년

① 복수 표준어: 현재 표준어와 같은 뜻을 가진 표준어로 인정한 것(4개)

추가 표준어	현재 표준어	추가 표준어	현재 표준어
마실	마을	찰지다	차지다
이쁘다	예쁘다	~고프다	~고 싶다

② 별도 표준어: 현재 표준어와 뜻이 다른 표준어로 인정한 것(5개)

추가 표준어	현재 표준어	추가 표준어	현재 표준어
꼬리연	가오리연	잎새	잎사귀
의론	의논	푸르르다	푸르다
이크	이키		

③ 복수 표준형: 현재 표준적인 활용형과 용법이 같은 활용형으로 인정한 것(2개)

추가 표준어	현재 표준어	추가 표준어	현재 표준어
말아 말아라 말아요	마 마라 마요	노랗네 동그랗네 조그맣네 …	노라네 동그라네 조그마네 …

4) 2016년

① 추가 표준어(4항목)

추가 표준어	현재 표준어	추가 표준어	현재 표준어
걸판지다	거방지다	까탈스럽다	까다롭다
겉울음	건울음	실뭉치	실몽당이

② 추가 표준형(2항목)

추가 표준어	현재 표준어	추가 표준어	현재 표준어
엘랑	에는	주책이다	주책없다

5) 2017년

① 추가 표준어(5항목)

추가 표준어	현재 표준어	추가 표준어	현재 표준어
꺼림직하다	꺼림칙하다	추켜세우다	치켜세우다
께름직하다	께름칙하다	치켜올리다	추어올리다 추켜올리다
추켜올리다	추어올리다		

출처: 국립국어원(2018). 『'한글 맞춤법', '표준어 규정' 해설』, pp.208-212.

저/자/소/개

이송은 스토리텔러, 책놀이 전문강사, 동화작가, 동화가있는집 연구소 소장(현)

- 중앙대학교대학원 유아교육과 박사과정 졸업(문학박사)
- 부천대학교 유아교육과 겸임교수, 경인교육대학교 강사, 국립어린이청소년도서관 강사
- 한국사이버평생교육원 '아동문학' 제작 교수(현)
- 중앙사이버평생교육원(알짜닷컴) 민간자격과정- '책놀이지도사'/ '노인인지활동책놀이지도사' 강사(현)
- (사)한국책놀이지도사협회 회장(현)

[저서]

- 『표현력과 창의성을 키우는 손유희 101가지』
- 『스토리텔링과 책놀이』
- 『유아 문학교육의 이론과 실제』
- 『누구나 할 수 있는 이야기 들려주기』(공저)
- 『스토리텔링과 책놀이 2』(공저)
- 『초등 아동을 위한 책놀이』(공동집필)
- 『50+세대에 의한 인지활동형 어르신 책놀이 프로그램 개발과 적용』(공저)
- 『노인여가 프로그램 개발』(공저)
- 『노인 인지활동 책놀이』(대표저자)
- 『실버 인지활동 워크북 초급 01』(공저)
- 『실버 인지활동 워크북 중급 01』(공저) 외

[논문]

- 「통합적인 동시짓기 활동이 유아의 동시 짓기와 감상 및 교사의 동시 인식에 미치는 영향」(중앙대학교교육대학원 석사학위청구논문, 2001)
- 「2세 영아의 책에 대한 의미 탐색」(중앙대학교 박사학위 청구논문, 2006)
- 「다문화가정의 문화이해를 위한 문학활동 실행연구: 필리핀 모-자를 대상으로」(어린이문학교육연구, 8권 2호, 2007)
- 「어린이 담당 사서를 위한 스토리텔링 운영 매뉴얼 개발」(어린이문학교육연구 10권 2호, 2009)
- 「세 연구자들의 스토리텔링 탐험기: 그림책으로 아이들과 소통하는 할머니 · 할아버지 세워가기(공저)」(교육인류학연구, 19권 3호, 2016)

- 「비대면실시간 노인인지활동책놀이 프로그램이 인지기능과 우울감에 미치는 영향: 주야간 보호시설이용 노인을 중심으로(공저)」(한국노년학, 42권 1호, 2022) 외

[그림책]

- 『통통 무슨 통』, 『맛있는 동그라미』, 『털보 아저씨의 행복 우산』, 『차다차다차다』, 『배달 대소동』, 『세모야 어디 가니?』, 『몽글몽글 따끔따끔』, 『봉구야, 목욕하자』 외

[수상]

- 1986. 색동회 주최 제11회 전국 어머니 동화구연대회 은상
- 1997. 새세대 육영회 주최 제9회 창작동화 공모전 동화부문 입상 (「통통 무슨 통」)
- 2016. 제22회 독서문화상, 문화체육관광부 장관상
- 2020. 한국보건복지인력개발원 주최 온라인 콘텐츠 공모전, '나도 온라인 명강사' 최우수상

이춘희 책놀이 전문강사, 스토리텔러, 동화가있는집 연구소 연구원(현)

- 경기대학교 대학원 유아교육학과 석사과정 수료
- 수원시 행복한산책작은도서관, 화성시 도란도란마을학교 '책놀이지도사' 자격과정 강사(현)
- 충북 음성 맹동혁신도서관 '책놀이지도사' 자격과정 강사(현)
- 수원시 서수원도서관, 한림도서관, 충남 서산 해미도서관 '책놀이지도사' 자격과정 강사
- 경기도 광주하남교육지원청, 수원시 신영초등학교 '초등책놀이지도사' 자격과정 강사
- 한양여자대학교, 두원공과대학교, 부천대학교 자격과정 강사(현)
- 수원시 선경도서관, 광교푸른숲도서관, 한림도서관, 태장마루도서관, 버드내도서관 독서문화프로그램 강사(현)
- 수원시 우만초, 지동초, 동수원초, 명당초 책놀이 강사(현)
- 의왕시 중앙도서관 북스타트 책놀이 강사(현)
- 인천시교육청 서구도서관 독서문화프로그램 강사(현)
- 화성시 복합동탄문화센터도서관, 진안도서관, 정남도서관, 남양도서관 책놀이 강사(현)
- (사)한국책놀이지도사협회 수원경기2지회장(현)

[저서]

- 『스토리텔링과 책놀이 2』(공저)
- 『초등 아동을 위한 책놀이』(공동집필)

이영주 책놀이 전문강사, 스토리텔러, 동화가있는집 연구소 연구원(현)

- 순천향대학교 금융보험학과 졸업
- 서울시 50플러스 캠퍼스 및 양천평생학습관, 서울시교육청 서대문도서관, 김영삼도서관, 신정사회복지관, 중구여성새로일하기센타 등 다수 '책놀이지도사' 자격과정 강사(현)
- 한양여자대학교, 숭의여자대학교 '책놀이지도사' 자격과정 강사
- 서울시 광진구 육아종합지원센타, 종로구립도서관, 푸르메어린이도서관, 광진정보도서관, 중구구립도서관, 동작구립도서관 북스타트 책놀이 강사(현)
- 서울시 교육청 정독도서관, 서대문도서관, 강서도서관, 도봉도서관 책놀이 강사(현)
- 서울시 한국고전번역원, 은평구 가족센타, 마포구 가족센타 책놀이 강사(현)
- 서울시 삼성학교 및 푸르메직업재활센타 장애인 독서지도 강사(현)
- 매봉초, 용두초, 도봉초, 하늘초, 신은초, 냉천초 책놀이 강사
- (사)한국책놀이지도사협회 이사(현) / 서울중앙지회장(현)
- 책놀이강사협동조합 대표(현)

[저서]

- 『50+세대에 의한 인지활동형 어르신 책놀이 프로그램 개발과 적용』(공저)
- 『치매예방과 인지기능 강화를 위한 노인 인지활동 책놀이』(집필진)
- 『초등 아동을 위한 책놀이』(공동집필)

[논문]

- 「비대면실시간 노인인지활동책놀이 프로그램이 인지기능과 우울감에 미치는 영향: 주야간보호시설이용 노인을 중심으로(공저)」(한국노년학, 42권 1호, 2022)

김진현 책놀이전문가, 스토리텔러, 동화가있는집 연구소 연구원(현)

- 호서대학교 식품영양학과 졸업
- 화성시 동탄복합문화센터도서관 '책놀이지도사' 자격과정 강사(현)
- 인천시교육청 주안도서관 '초등책놀이지도사' 자격과정 강사(현)
- 중앙사이버평생교육원(알짜닷컴) 민간자격과정, '책놀이지도사' 강사(현)
- 화성시문화재단 '책놀이지도사' 자격과정 강사
- 인천교육청 연수도서관 '책놀이지도사', '스토리텔러' 자격과정 강사
- 광주하남교육지원청 '초등책놀이지도사' 자격과정 강사
- 한양여자대학교 스토리텔러 자격과정 강사(현)
- 의왕시 중앙도서관 북스타트 책놀이 강사(현)
- 수원시 도서관, 화성시 도서관, 화성시 돌봄센터 및 지역아동센터 독서프로그램 강사(현)
- 인천시 백운초등학교 병설유치원 책놀이 강사(현)
- (사)한국책놀이지도사협회 강사(현)

[저서]

- 『초등 아동을 위한 책놀이』(공동집필)

뉴 스토리텔링과 책놀이

초 판 1쇄 발행 2024년 8월 23일
초 판 2쇄 발행 2025년 8월 18일

지 은 이 | 이송은 · 이춘희 · 이영주 · 김진현
펴 낸 이 | 김기섭
편 집 인 | 이혜란
펴 낸 곳 | 창지사 www.changjisa.com
08589 서울시 금천구 가산디지털 1로 83 파트너스타워 1차 9층
전화 (02)719-2211~3
팩스 (02)701-9386
등 록 | 1977년 4월 28일 · 제1-421호

ISBN 978-89-426-1854-5 (93370)

값 23,000원